まちごとチャイナ

Fujian 008 Kejiatulou

客家土楼

永定・南靖・華安と「福建土楼」

Asia City Guide Production

【白地図】永定と華南

永定
と華南
0km
1000km

【白地図】福建省南西部

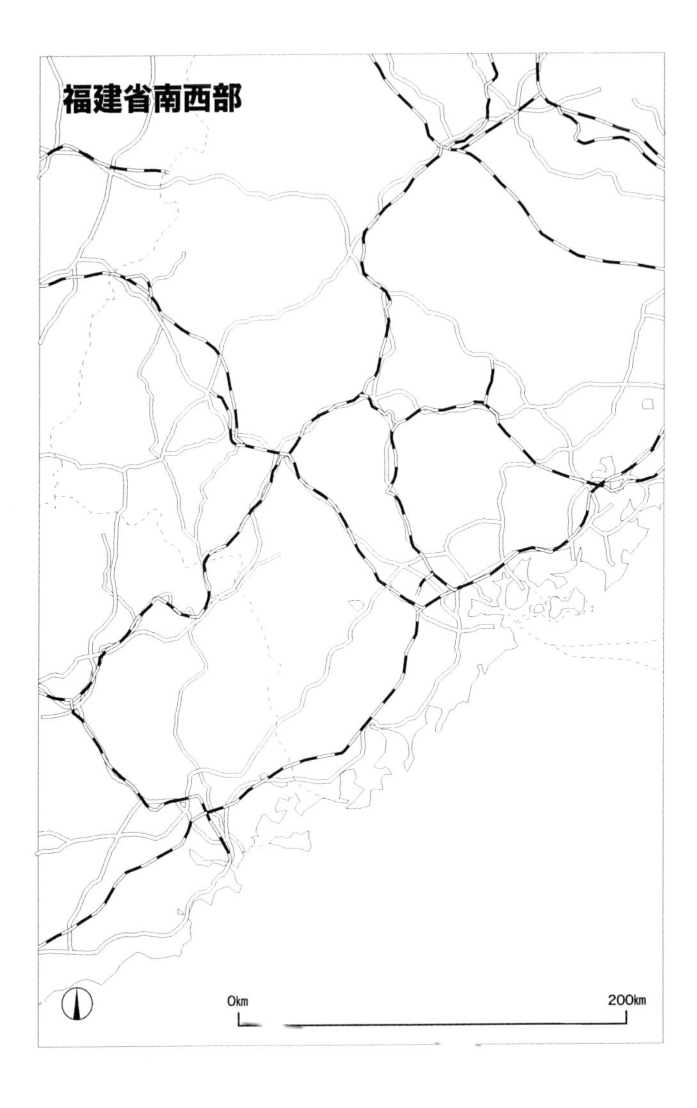
福建省南西部
0km
200km

【白地図】漳州

漳州
0km
2km

【白地図】龍岩

龍岩
0km
3km

【白地図】永定と南靖

永定と南靖
0km
20km
永定客家土楼
集住エリア
0km
5km

【白地図】洪坑

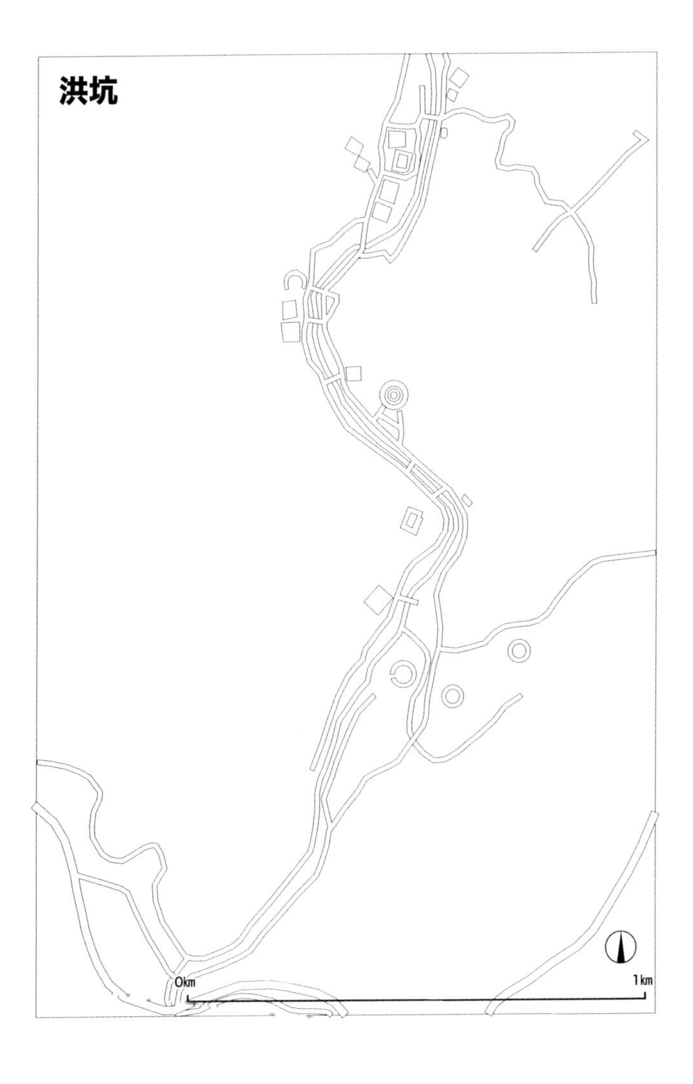
洪坑
0km
1km

【白地図】洪坑土楼群

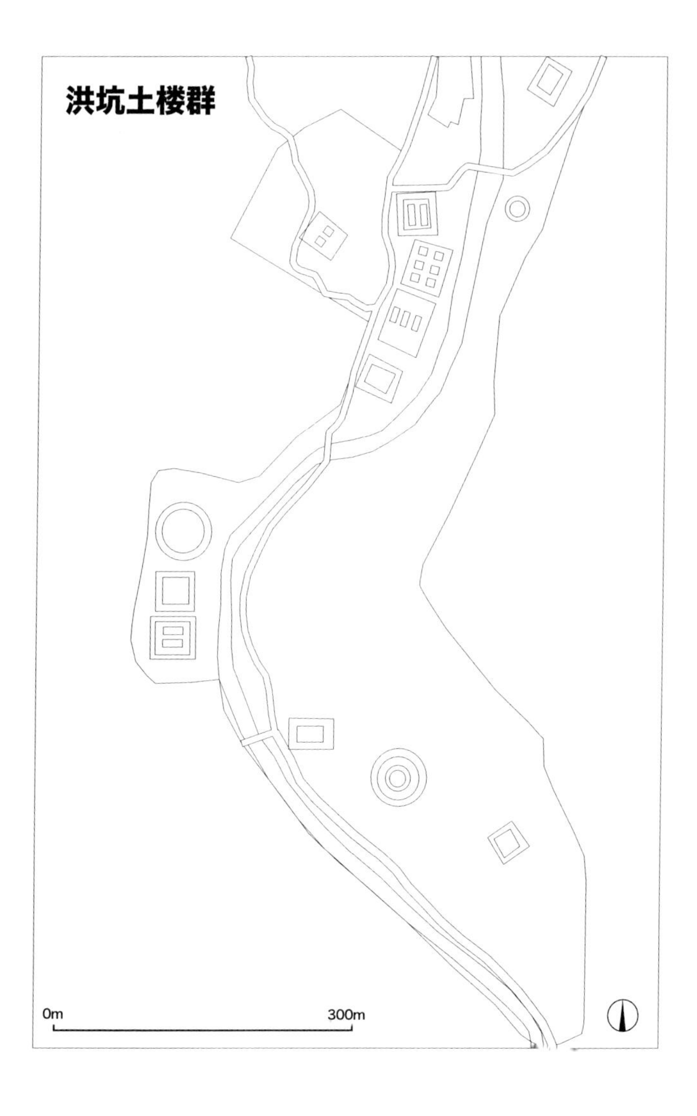
洪坑土楼群
0m
300m

【白地図】古竹

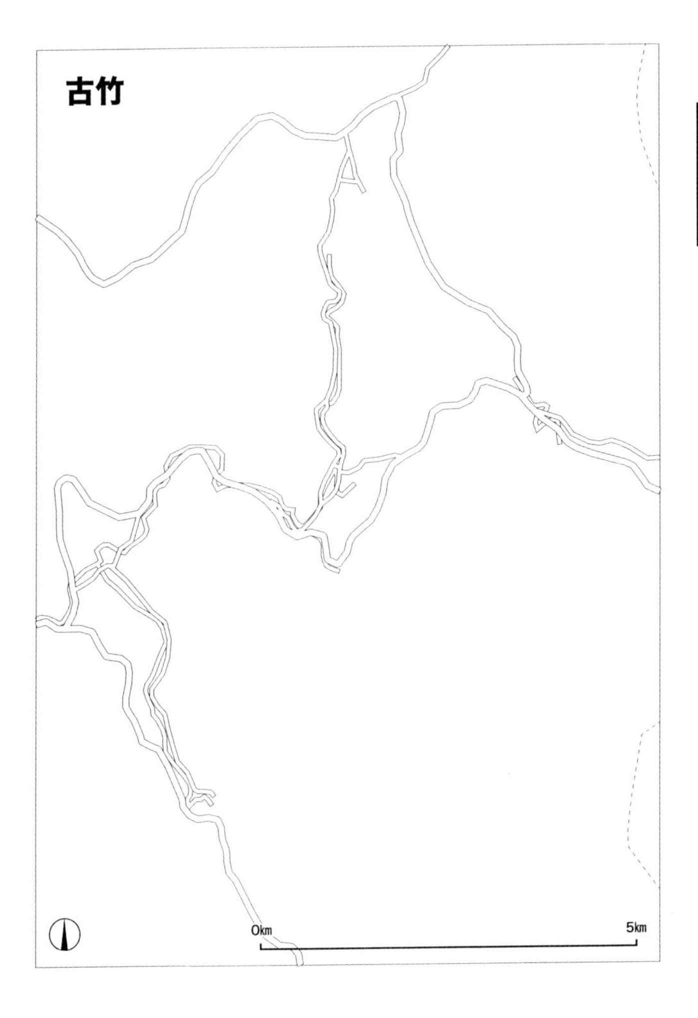
古竹
0km
5km

【白地図】高北土楼群

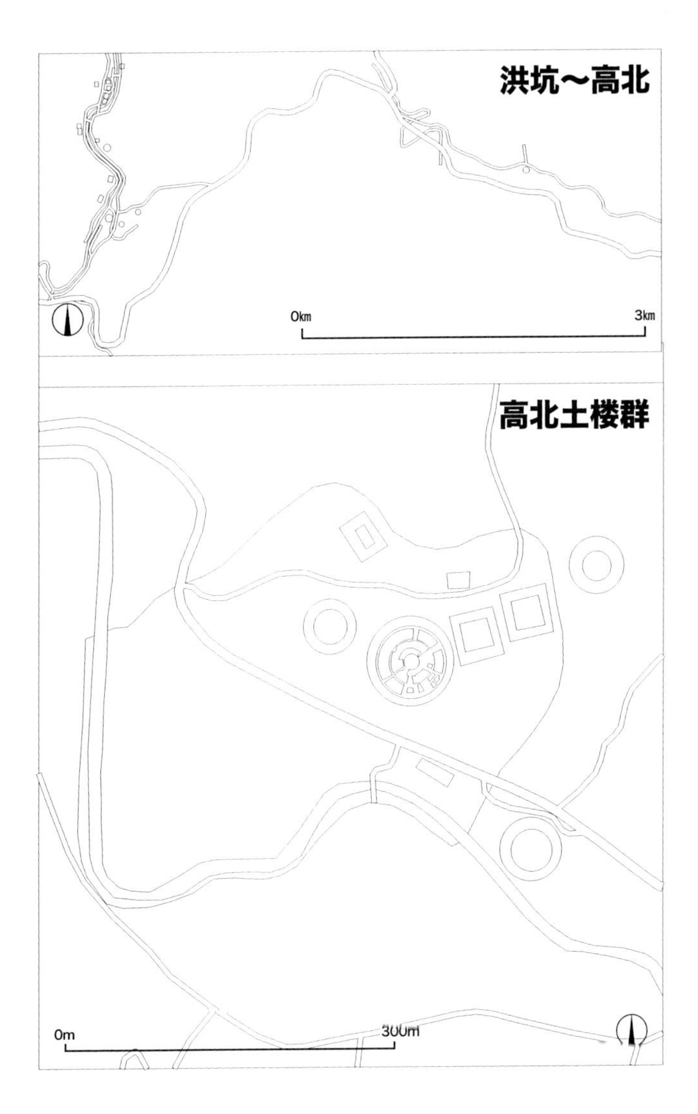
洪坑～高北
0km
3km
高北土楼群
0m
300m

【白地図】南渓土楼群

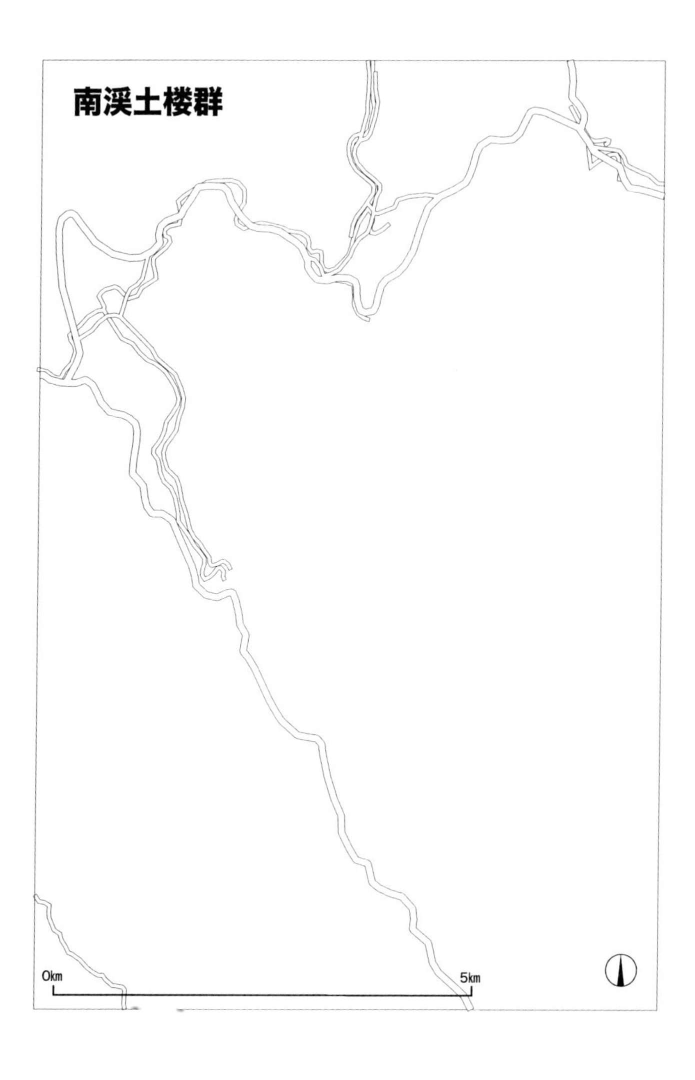
南渓土楼群
0km
5km

【白地図】初渓土楼群

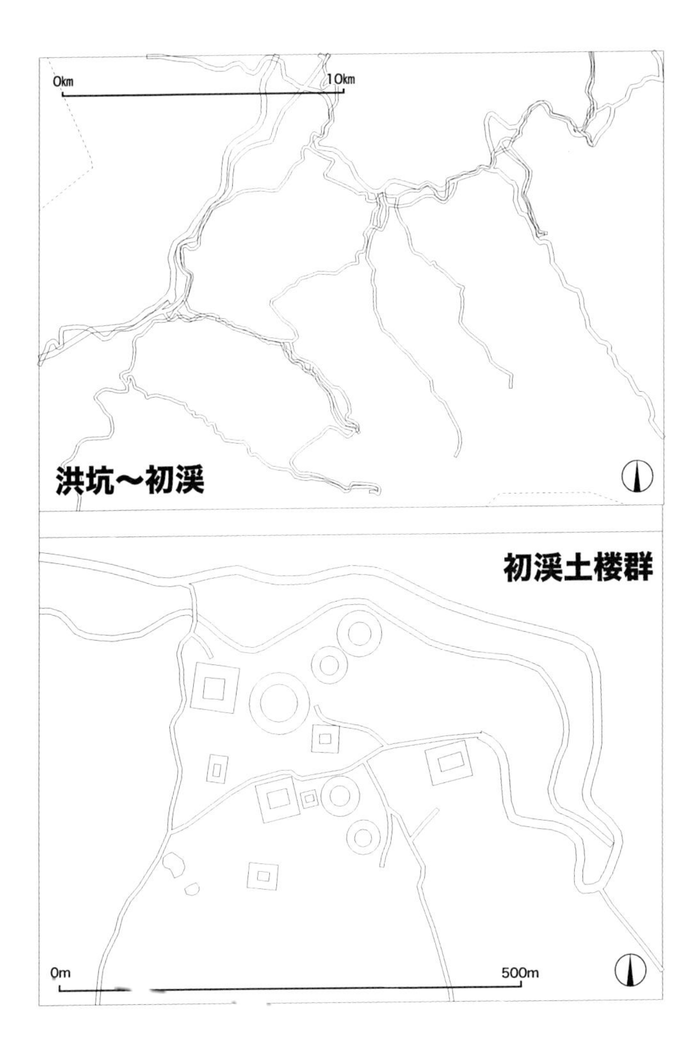
0km
10km
洪坑～初渓
初渓土楼群
0m
500m

【白地図】南靖

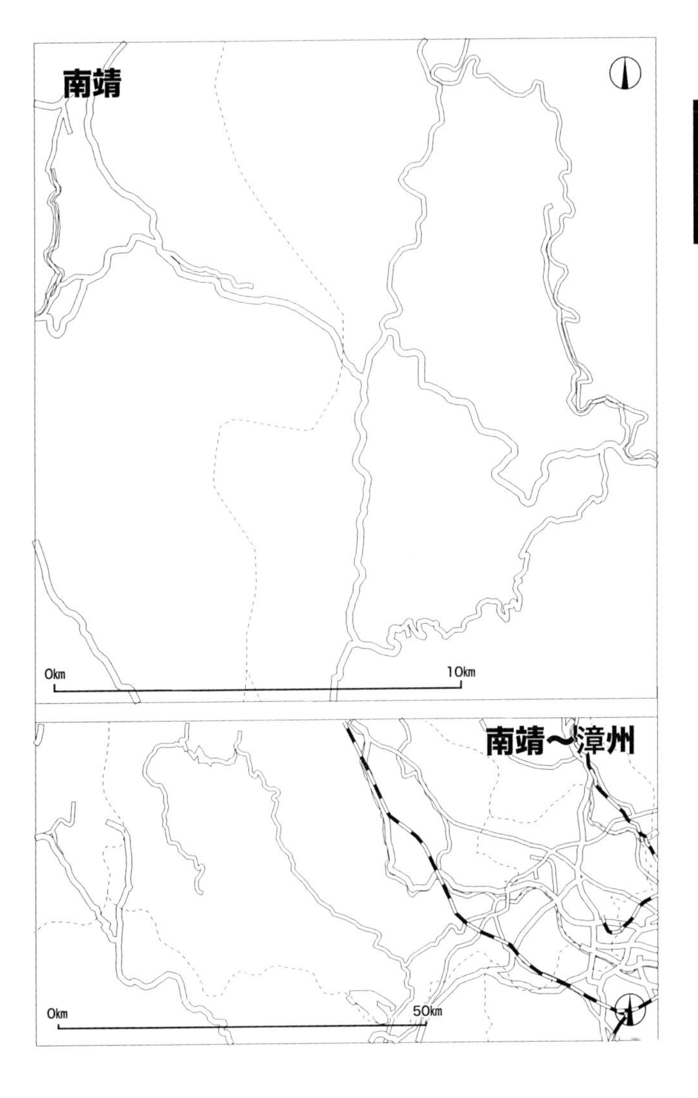
南靖
0km
10km
南靖～漳州
0km
50km

【白地図】田螺坑土楼群

田螺坑
土楼群
田螺坑
0m
500m

【白地図】河坑土楼群

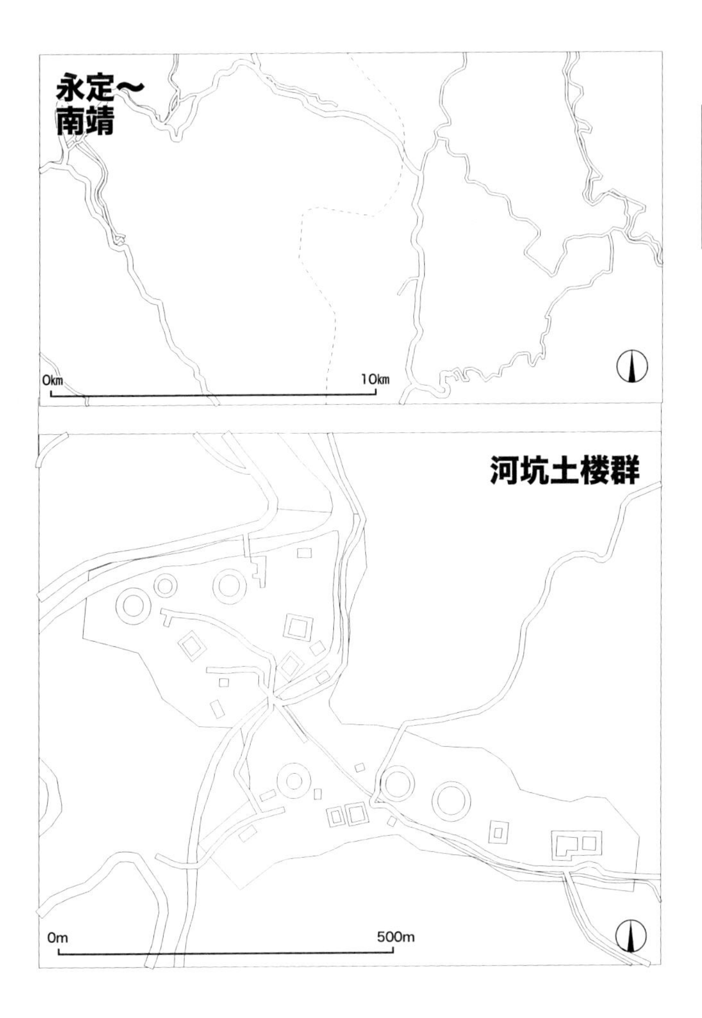
永定～
南靖
0km
10km
河坑土楼群
0m
500m

【白地図】厦門～華安

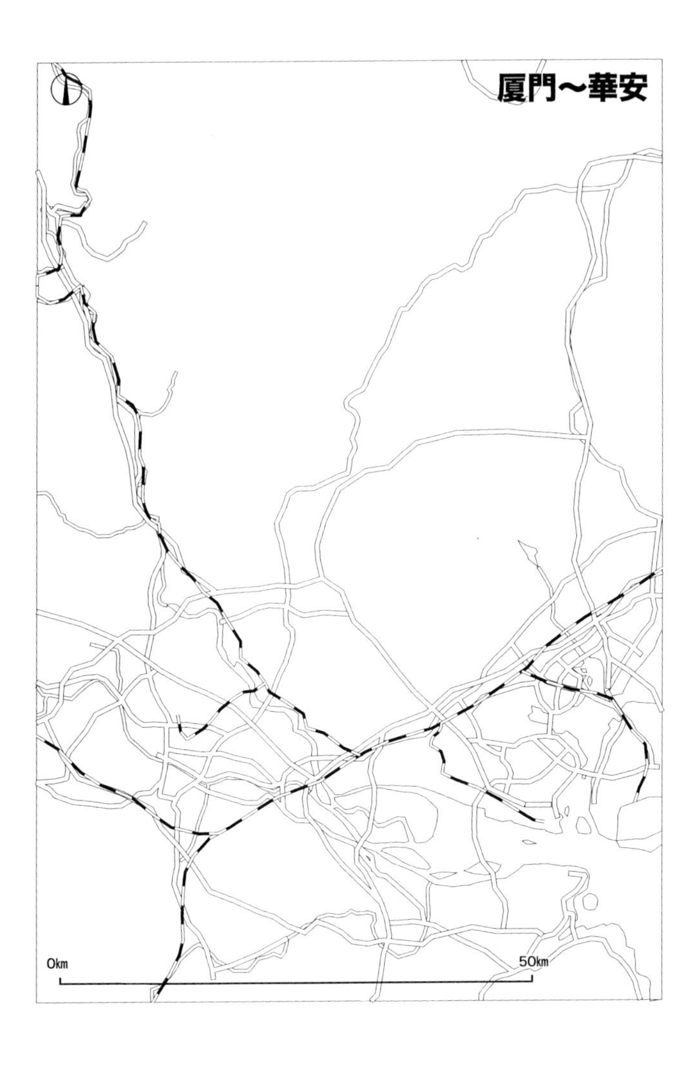
厦門～華安
0km
50km

【白地図】大地土楼群

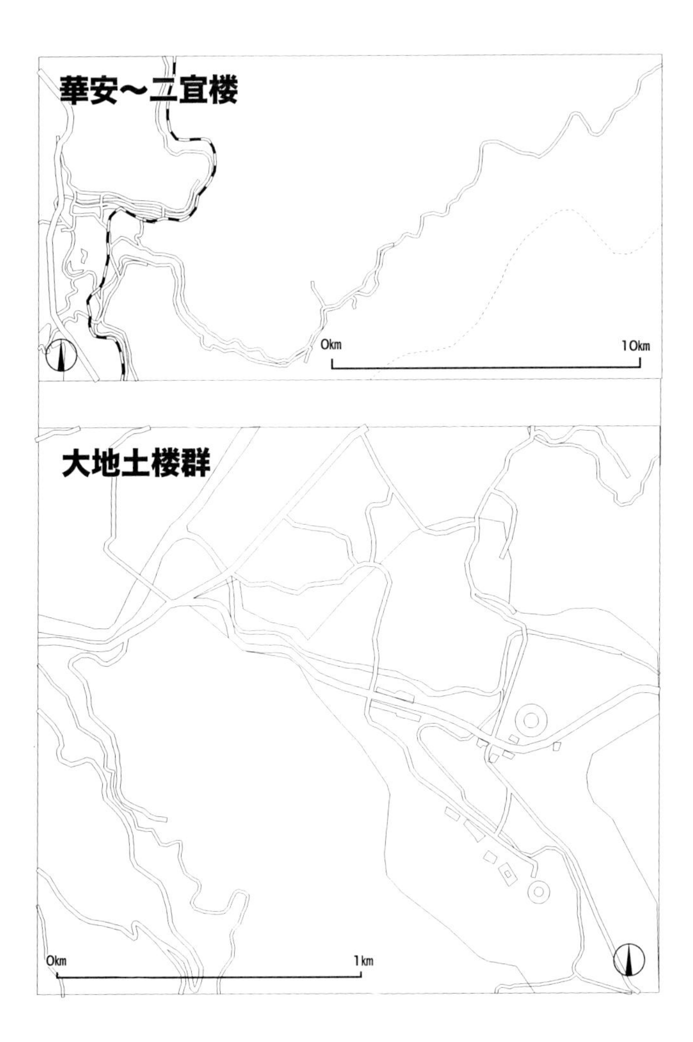
華安～二宜楼
0km
10km
大地土楼群
0km
1km

【白地図】永定郊外

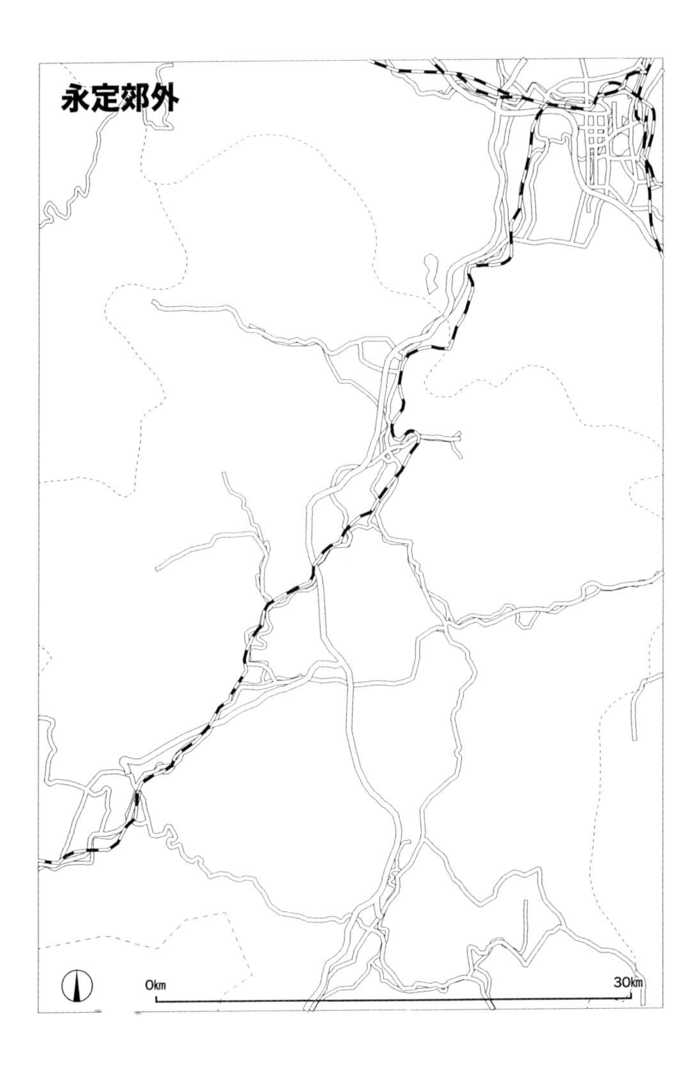
永定郊外
0km
30km

【まちごとチャイナ】

江西省や広東省との省境に近い福建省山奥部、ひっそりとした山並みのなかに点在する円形や方形の土楼群。外部に対して閉鎖的な集合住宅で、ひとつの宗族（いくつもの家族）が集住する。古い中原の文化を保持しながら暮らす彼らを「客家」と呼ぶ。

客家は、中原（北方）を出自とし、たび重なる戦乱から逃れるように南遷して、宋（10～13世紀）代ごろからこの山間に住居を構えるようになった。地元の人たちから「客人（客家）」と扱われてきた一方で、客家は「（中原に連なる）自分

客家土楼 kè jiā tǔ lóu クージャートゥロウ
客家土楼 Kejia Tulou

たちこそ正統である」という強い自意識を抱いてきた。

明清時代（14 ～ 20 世紀）以降、円形や方形の土楼が築かれ、福建省山間の大地に客家による無数の土楼が見られるようになった。宗族が一同で暮らすこと、奇抜な円形土楼、北方にルーツをもつ客家の特異性もあいまって、人びとの注目を集め、2008 年、福建土楼として世界遺産に登録された。

【まちごとチャイナ】

福建省 008 客家土楼

目次

【MEMO】

【地図】永定と華南

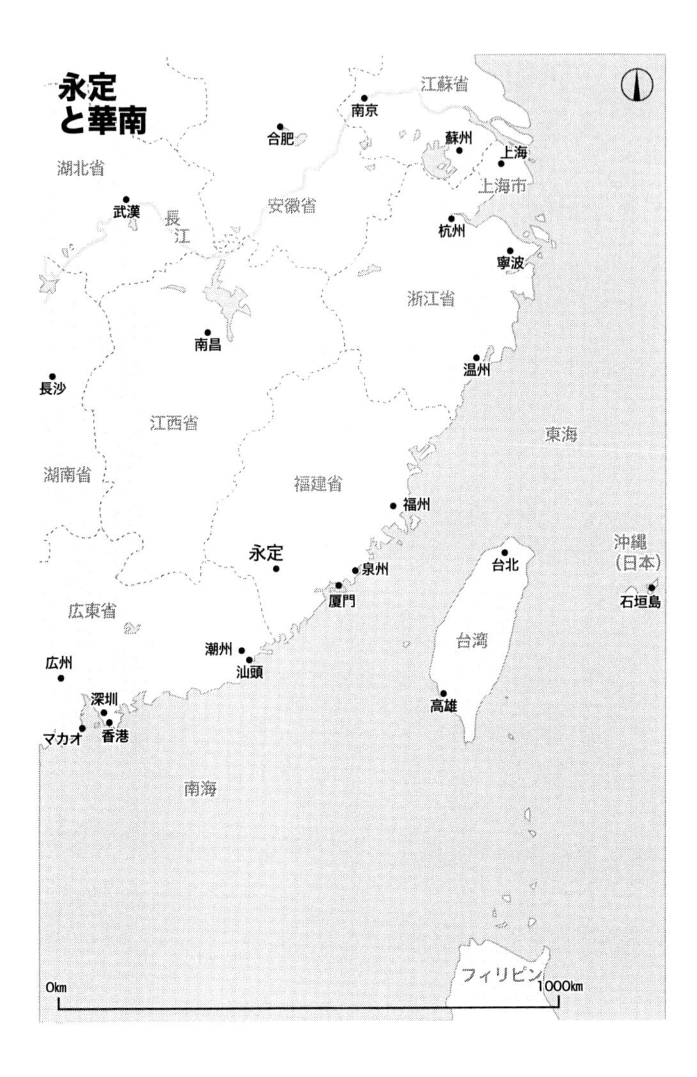
永定
と華南
江蘇省
南京
合肥
蘇州
上海
湖北省
上海市
武漢
長
江
安徽省
杭州
寧波
浙江省
南昌
温州
長沙
江西省
東海
湖南省
福建省
福州
沖縄
(日本)
永定
泉州
台北
厦門
石垣島
広東省
台湾
潮州
汕頭
広州
深圳
高雄
マカオ
香港
南海
フィリピン
0km
1000km

CHINA
福建省

客家土楼の世界

迫害や流浪といった共通点から
ユダヤ人にもくらべられてきた客家
龍がとぐろを巻くような住居に暮らす

客家とは

客家の先祖は中原（黄河中流域）にいたが、晋代（4世紀）の戦乱から南下をはじめた。唐末（9世紀）から宋代に江西から福建に入り、その後も、ある一派は広東や四川、また海外へ移動を続けた。客家の人びとは北方系の面長な顔をし、彼らの話す客家語は古い中原の語彙を残しているという（福建人や広東人と言葉が異なることから、一時、苗族や古代越族との関係も指摘された）。家長を中心にいくつもの家族が集まり、数百人規模の大家族でひとつの住居「土楼」に暮らすなど、宗族間の団結心がきわめて強い。あとからやってきた山間の土地は貧しいかったこともあり、客家は女性も農業に従事するなど勤勉で倹約家、子弟への教育を重視して、官僚への登用を目指したり、華僑として海を渡るなど、外に活路を求めることを特徴とする。文天祥、朱熹、洪秀全や孫文、鄧小平、李登輝、李光耀（リー・クアンユー）などの人材は客家を出自とする。

客家が分布するところ

福建省山奥部（閩西）、江西省東部、広東省東部の三省が交わる一帯に客家は集中的に分布する。このエリアは、外部から閉ざされた山深い秘境の地、またもっとも遅くに漢化された場所で、国民党に対抗した毛沢東（1893 ～ 1976 年）が根拠地を築いた場所にも重なる。すでに平地は先住民（福建人や広東人）にしめられていたことから、客家はより辺境で山がちな場所に住居を築いたが、それゆえ彼ら独自の習俗や生活が保存されることになった。山と平地が交わる地にたくみに風水をとり入れて集落や土楼を建設し、汀江やその支流

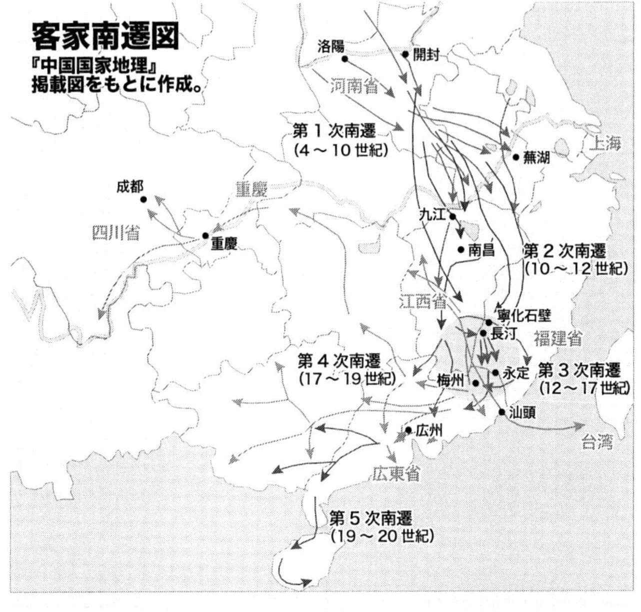
客家南遷図
『中国国家地理』
掲載図をもとに作成。
洛陽
開封
河南省
第 1 次南遷
(4 ～ 10 世紀)
上海
蕪湖
成都
重慶
四川省
重慶
九江
南昌
第 2 次南遷
(10 ～ 12 世紀)
江西省
寧化石壁
長汀
福建省
第 4 次南遷
(17 ～ 19 世紀)
梅州
永定
第 3 次南遷
(12 ～ 17 世紀)
汕頭
広州
台湾
広東省
第 5 次南遷
(19 ～ 20 世紀)

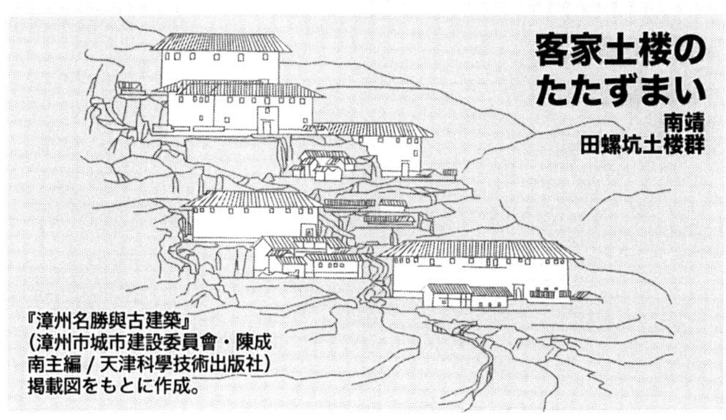
客家土楼の
たたずまい
南靖
田螺坑土楼群
『漳州名勝與古建築』
(漳州市城市建設委員會・陳成
南主編 / 天津科學技術出版社)
掲載図をもとに作成。

を移動手段とした（汀江を通じて、潮州、汕頭、海につながる)。客家土楼は江西省南部では「方囲」、広東省では「囲龍屋」と呼ばれるなど地域ごとに特徴をもち、円形土楼は客家と福建人の居住地が隣接する福建省南西部で生まれたとされる。

数百人が暮らす土楼

客家分布地域で見られる「土の楼閣」を土楼と呼び、客家土楼では焼成せず、自然の土をこねたものを素材とする（南方の赤土、米ののり、鶏卵の白身と黒砂糖などを加える)。周囲の壁の高さは 10 ～ 13m、厚さは下部で 1m、上部で 60 ㎝

▲左　外を背に、中を前に住居を構える客家。　▲右　承啓楼は客家円楼の白眉

ほどで、1階と2階の外側には窓がついていない。これは匪賊や宗族間の抗争に備えるためで、外部と内部を結ぶ門が南側にひとつもうけられている。土楼内部は木材が使われ、中央に一族の共通の祖先をまつった祠堂があり、ひとつの建物のなかに台所、倉庫、居住区、広場の機能が集まっている。土楼は古い時代の中原の四合院様式をもつ「五鳳楼」、そこから変化した「方楼」や「円楼」、また馬蹄形の「半月楼」などさまざまなかたちがあり、大きいものでは200人から300人の大家族（いくつもの家族が集まった宗族）が暮らす。それぞれの土楼には、一族の方針や願いがこめられた吉祥名

がつけられ、南の門を閉ざせば、数か月から半年は籠城できると言われる。

客家土楼の点在と構成

標高300～600mの山間に、その数2万とも言われる土楼が分布し、とくに永定県（龍岩市）と南靖県（漳州市)、華安県（漳州市）に、保存状態のよい福建土楼が集まる。永定のなかでも、土楼の観光拠点となるのが洪坑で、土楼民俗文化村（「洪坑土楼群」）が位置する。この「洪坑土楼群」を中心に、東3.5㎞に承啓楼を擁する「高北土楼群」、南6㎞に「南

▲左　客家集落を流れる渓流。　▲右　洪坑に立つ永定土楼民俗文化村の牌楼

渓土楼群」、南西15㎞に「初渓土楼群」が展開する。これら土楼群を抱える永定（龍岩市）の東側が南靖（漳州市）で、「書洋」を起点にぐるりと縦型楕円を描くように土楼が点在する。もっとも有名な「田螺坑土楼群」はじめ、「河坑土楼群」「懐遠楼」「和貴楼」が世界遺産に指定されている。また永定南靖から北東に80㎞ほど離れた華安県には、保存状態のよい二宜楼のある「大地土楼群」が位置する。これらの起点になるのは福建省南部の港町「厦門」で、ほかには厦門西の「漳州」、内陸の「龍岩」が土楼めぐりの拠点にあげられる。

世界遺産に登録された
46の福建土楼

<table>
<tr><td rowspan="23">永定</td><td rowspan="10">初溪土楼群
【10座】</td><td>集慶楼</td><td>集庆楼</td><td>ジイチンロウ</td></tr>
<tr><td>余慶楼</td><td>余庆楼</td><td>ユウチンロウ</td></tr>
<tr><td>縄慶楼</td><td>绳庆楼</td><td>シェンチンロウ</td></tr>
<tr><td>華慶楼</td><td>華庆楼</td><td>フゥアチンロウ</td></tr>
<tr><td>庚慶楼</td><td>庚庆楼</td><td>ガンチンロウ</td></tr>
<tr><td>錫慶楼</td><td>锡庆楼</td><td>シイチンロウ</td></tr>
<tr><td>福慶楼</td><td>福庆楼</td><td>フウチンロウ</td></tr>
<tr><td>共慶楼</td><td>共庆楼</td><td>ゴンチンロウ</td></tr>
<tr><td>藩慶楼</td><td>藩庆楼</td><td>ファンチンロウ</td></tr>
<tr><td>善慶楼</td><td>善庆楼</td><td>シャンチンロウ</td></tr>
<tr><td rowspan="7">洪坑土楼群
（永定土楼
民俗文化村）
【7座】</td><td>光裕楼</td><td>光裕楼</td><td>グゥアンユウロウ</td></tr>
<tr><td>福興楼</td><td>福兴楼</td><td>フウシンロウ</td></tr>
<tr><td>奎聚楼</td><td>奎聚楼</td><td>クイジュウロウ</td></tr>
<tr><td>福裕楼</td><td>福裕楼</td><td>フウユウロウ</td></tr>
<tr><td>如昇楼</td><td>如升楼</td><td>ルウシャンロウ</td></tr>
<tr><td>振成楼</td><td>振成楼</td><td>チェンチャンロウ</td></tr>
<tr><td>慶成楼</td><td>庆成楼</td><td>チィンチャンロウ</td></tr>
<tr><td rowspan="4">高北土楼群
【4座】</td><td>五雲楼</td><td>五云楼</td><td>ウウユンロウ</td></tr>
<tr><td>承啓楼</td><td>承启楼</td><td>チャンチイロウ</td></tr>
<tr><td>世沢楼</td><td>世泽楼</td><td>シイザアロウ</td></tr>
<tr><td>僑福楼</td><td>侨福楼</td><td>チャオフウロウ</td></tr>
<tr><td>衍香楼
【1座】</td><td>衍香楼</td><td>衍香楼</td><td>イエンシイアンロウ</td></tr>
<tr><td>振福楼
【1座】</td><td>振福楼</td><td>振福楼</td><td>チェンフウロウ</td></tr>
</table>

南靖	田螺坑土楼群【5座】	歩雲楼	歩云楼	ブウユンロウ
		振昌楼	振昌楼	チェンチャァンロウ
		瑞雲楼	瑞云楼	ルイユゥンロウ
		和昌楼	和昌楼	ハァチャンロウ
		文昌楼	文昌楼	ウェンチャンロウ
	河坑土楼群【13座】	朝水楼	朝水楼	チャオシュイロウ
		永盛楼	永盛楼	ヨンシャンロウ
		縄慶楼	绳庆楼	シェンチンロウ
		永栄楼	永荣楼	ヨンロンロウ
		南薫楼	南薰楼	ナンシュンロウ
		陽照楼	阳照楼	ヤンチャオロウ
		永貴楼	永贵楼	ヨングイロウ
		裕昌楼	裕昌楼	ユウチャンロウ
		東升楼	东升楼	ドンシャンロウ
		春貴楼	春贵楼	チュングイロウ
		暁春楼	晓春楼	シャオチュンロウ
		永慶楼	永庆楼	ヨンチンロウ
		裕興楼	裕兴楼	ユウシンロウ
	懐遠楼【1座】	懐遠楼	怀远楼	フゥアイユゥエンロウ
	和貴楼【1座】	和貴楼	和贵楼	ハアグイロウ
華安	大地土楼群【3座】	二宜楼	二宜楼	アアイイロウ
		南陽楼	南阳楼	ナンヤァンロウ
		東陽楼	东阳楼	ドォンヤァンロウ

【地図】福建省南西部の［★★★］

□　洪坑 洪坑ホォンカァン

【地図】福建省南西部の［★★☆］

□　漳州 漳州チャンチョウ

□　永定 永定ヨォンディン

□　南靖 南靖ナンジィン

【地図】福建省南西部の［★☆☆］

□　龍岩 龙岩ロンユェン

□　寧化石壁村 宁化石壁村ニィンフゥアシイビイチュン

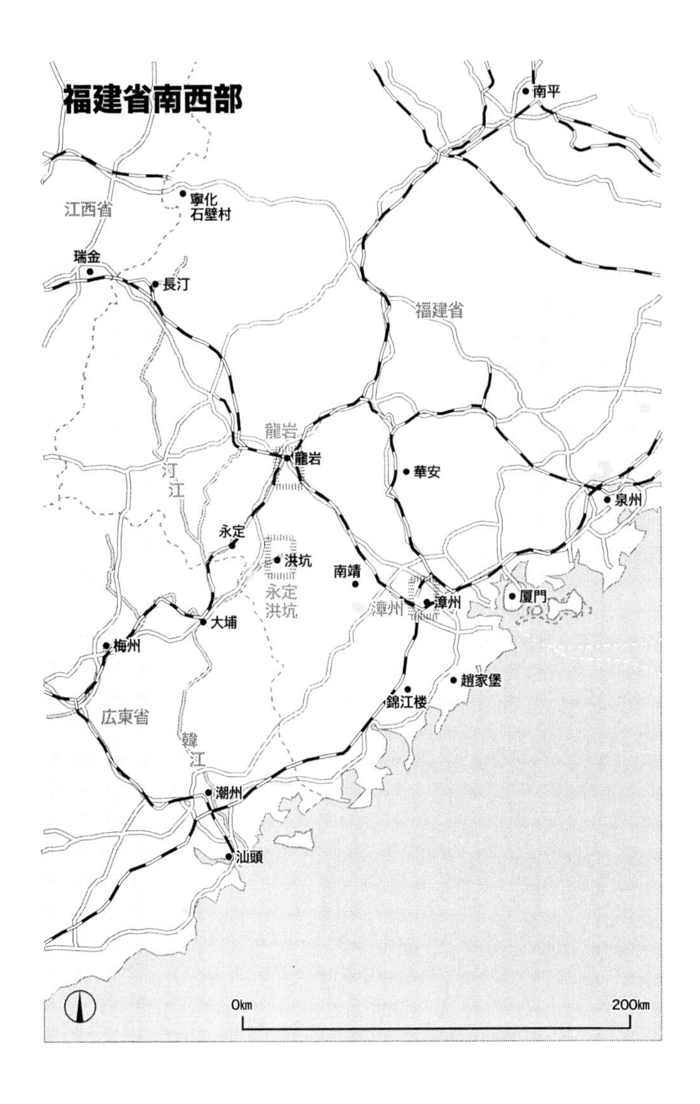
福建省南西部
南平
江西省
寧化
石壁村
瑞金
長汀
福建省
龍岩
龍岩
華安
泉州
永定
洪坑
南靖
永定
洪坑
漳州
漳州
廈門
大埔
梅州
趙家堡
錦江楼
広東省
韓
江
潮州
汕頭
0km
200km

【MEMO】

【MEMO】

Guide, Zhang Zhou

漳州城市案内

CHINA 福建省

福建省南部の古都の漳州

厦門が台頭する以前からの伝統をもち

漳州市の山間部には多くの土楼が位置する

漳州 漳州 zhāng zhōu チャンチョウ ［★★☆］

厦門から九龍江を50㎞さかのぼったところに位置する漳州。古くは百越の暮らす地だったが、唐代の686年に陳元光（657～711年）によって街が築かれ、漢族の入植が進んだ（漢族は、福建省を流れる三大河川の閩江、晋江、九龍江の河口部にそれぞれ福州、泉州、漳州を築いた）。以来、福建省南部の貿易港として栄え、この地域の中心的な都市となった。亜熱帯性の気候に属し、土地も豊かなため、宋代は南海貿易で大変なにぎわいを見せていたという。明代、九龍江の堆積もあって外港が使われるようになり、漳州南東の「漳州月港（龍海県海澄鎮）」、続いて「厦門」にその地位を譲ることになった。この時代、漳州は多くの華僑を輩出し、漳州に祖籍をもつ人たちが台湾や東南アジアで多く活躍している。また漳州は茘枝、竜眼、バナナ、パイナップル、水蜜桃、さとうきびなどを産する福建省でも一番のフルーツの産地（「花果城」）としても知られる。

【地図】漳州の［★★☆］

□　漳州 漳州チャンチョウ

漳州
漳州駅
新華北路
元光北路
于山
勝利東路
勝利西路
九龍公園
南昌東路
新華東路
台湾路
漳州石牌坊
文廟
香港路
水仙大街
威鎮閣
南山寺
九龍江
0km
2km

福建省

漳州の見どころ

漳州という地名は、唐代に漳江河畔に府がおかれたところに由来し、以来、福建省南部の古都として知られてきた（漳江の支流北渓と西渓が合流して九龍江になる）。唐の開元年間の736年に建てられた古刹「南山寺」、北宋の1044年創建で朱熹や鄭成功ゆかりの「漳州文廟」、この地方名物で明代のもの27座、清代のもの19座が残る「石牌坊」（1468年のものがもっとも古い）、八卦楼の名で知られる「威鎮閣」、3つの峰の頂にそれぞれ亭が立つ「芝山」などが知られる。また石牌坊の立つ新華東路、香港路や台湾路界隈は漳州を代表す

▲左　漳州ではスープ料理などの閩南料理が食べられる。　▲右　肩を組んで歩く子どもたち

る繁華街としてにぎわっている。そのほか、漳州市街から南に45㎞には、林一族が1791年以来、改築を繰り返してきた三重の城砦のような円楼の「錦江楼」(倭寇や土匪から一族を守る目的をもつ、内部が高くなっていく三重の円形楼閣)、この地に落ち延びてきた南宋皇族の末裔の暮らした「趙家堡」も位置する。

Guide, Long Yan Yong Ding
龍岩永定城市案内

福建省（閩）の西こと閩西と呼ばれるエリア
その中心地の龍岩や客家土楼が集まる永定
閩西の汀江は広東省汕頭に向かって流れる

龍岩 龙岩 lóng yán ロンユェン ［★☆☆］

閩西の中心都市で、「山清水秀」の美しい自然に抱かれた龍岩。長らくこの地方の中心地は、江西省へ通じる長汀（汀州）だったが、20世紀中ごろには龍岩が台頭した。龍岩市には客家の村がいくつも点在し、福建文化と客家文化が交わる場所となっている（龍岩では客家語からの影響が見られるものの、閩南語龍岩方言が話され、一方、龍岩市の永定や長汀では客家語が話される）。日中戦争（1937～45年）の折、山々に囲まれ、江西省へと続くこの地方は毛沢東ら紅軍の根拠地となったことでも知られる。

【地図】龍岩の［★☆☆］

□ 龍岩 龙岩ロンユェン

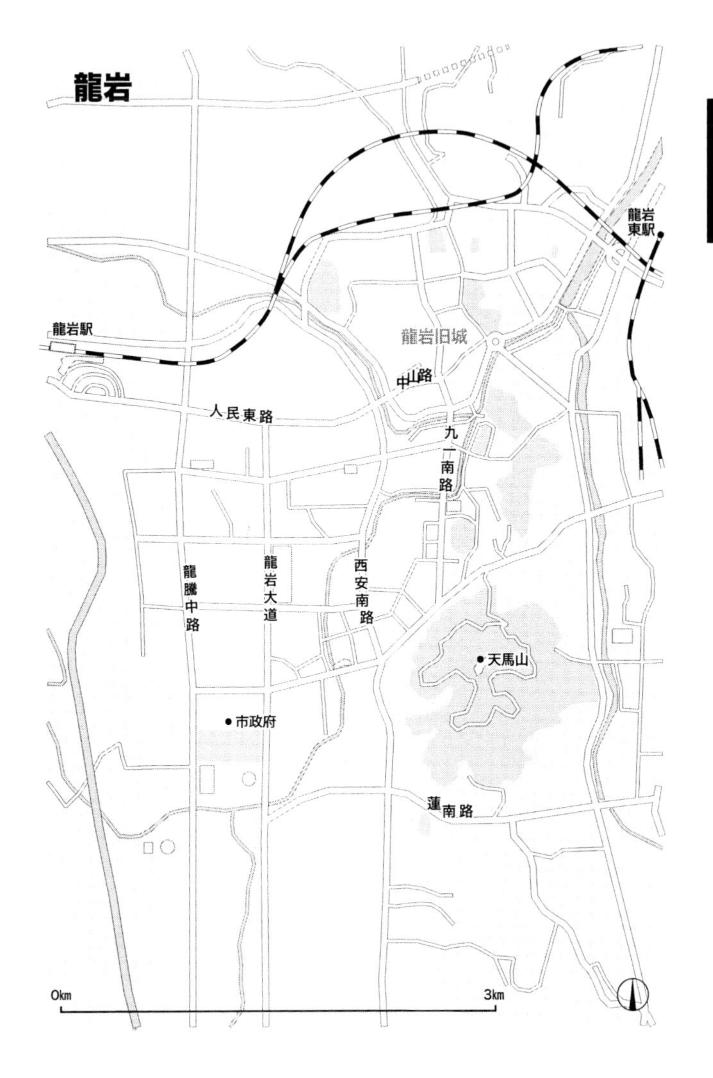
龍岩
龍岩駅
龍岩東駅
龍岩旧城
中山路
人民東路
九一南路
龍騰中路
龍岩大道
西安南路
天馬山
市政府
蓮南路
0km
3km

永定 永定 yǒng dìng ヨォンディン［★★☆］

福建省山奥部、客家の集落と土楼が集中的に残る龍岩市永定県。客家は南宋（1127 ～ 1279 年）末に元軍から逃れて、永定に暮らすようになったと言われ、先住の福建人から「客人（客家）」と呼ばれた。この地は北京から遠く離れ、山深いこともあって、中国史の中心ではない周縁にあたり、明代になってようやく中央の管理下に入った。当時、永定では大規模な民衆暴動が起こり、朝廷に鎮圧されたが、1477 年、二度と反乱が起きないように県（行政府）がおかれ、「永定（永遠安定）」と名づけられた。やがて永定にも官学が整備されて

▲左　円楼の中庭から見あげる青空。　▲右　川で水を洗う女性、永定洪坑にて

科挙合格者を出し、清代に入ると、商品作物の煙草で生計を立てる家が多いことから、「烟魁」と呼ばれた。この永定県の所在地は、鳳山麓の鳳城鎮にあり、そこから東 30 ㎞ほどの山間に永定土楼民俗文化村（湖坑）が位置する。永定県には約 4000 棟の方形土楼と 360 棟の円形土楼があると言われ、その大部分は、湖坑、大渓、古竹に集中している。

客家の暮らす汀江流域

汀江は、長汀、上杭、永定といった福建省西部（閩西）の大動脈で、客家の母なる川とされる。やがてその流れは広東省に入り、大埔を過ぎて韓江となって、潮州、汕頭で海へ注ぐ（韓江支流の梅江とあわさる）。客家が多く暮らす洪坑を流れる金豊渓（全長 60 ㎞）や永定河（全長 90 ㎞）は、この汀江の支流で、この流れを通じて海、台湾、東南アジアへと道は続いていた。客家の人びとは直線距離でより近い厦門や福州ではなく、汀江下流の汕頭を外港とし、また塩やキリスト教宣教師はこのルートをさかのぼって閩西へやってきた（米は西の江西省南部から輸入された)。歴史的には汀江流域は、中国のなかでももっとも後進的な地域のひとつで、開発は唐宋時代からはじまった。永定、上杭あたりでは5～10㎞ごとに市場が立ち、汀江流域では米農家以外の、鍛冶屋、竹細工職人、製紙職人などを商いにする人が多かった。

【地図】永定と南靖の［★★★］

- □ 洪坑 洪坑ホォンカァン
- □ 振成楼 振成楼チェンチャンロウ
- □ 高北土楼群 高北土楼群ガオベイトゥロウチュン
- □ 承啓楼 承启楼チャンチイロウ
- □ 田螺坑土楼群 田螺坑土楼群
  ティエンルゥオカントゥロウチュン

【地図】永定と南靖の［★★☆］

- □ 永定 永定ヨォンディン
- □ 南渓土楼群 南溪土楼群ナンシイトゥロウチュン
- □ 振福楼 振福楼チェンフウロウ
- □ 衍香楼 衍香楼イエンシイアンロウ
- □ 環極楼 环极楼フゥアンジイロウ
- □ 初渓土楼群 初溪土楼群チュウシイトゥロウチュン
- □ 河坑土楼群 河坑土楼群ハアカントゥロウチュン

【地図】永定と南靖の［★☆☆］

- □ 福建土楼風情街 福建土楼风情街
  フウジィエントゥロウフェンチンジエ
- □ 中川古村落 中川古村落
  チョンチュゥアングウチュンルゥオ

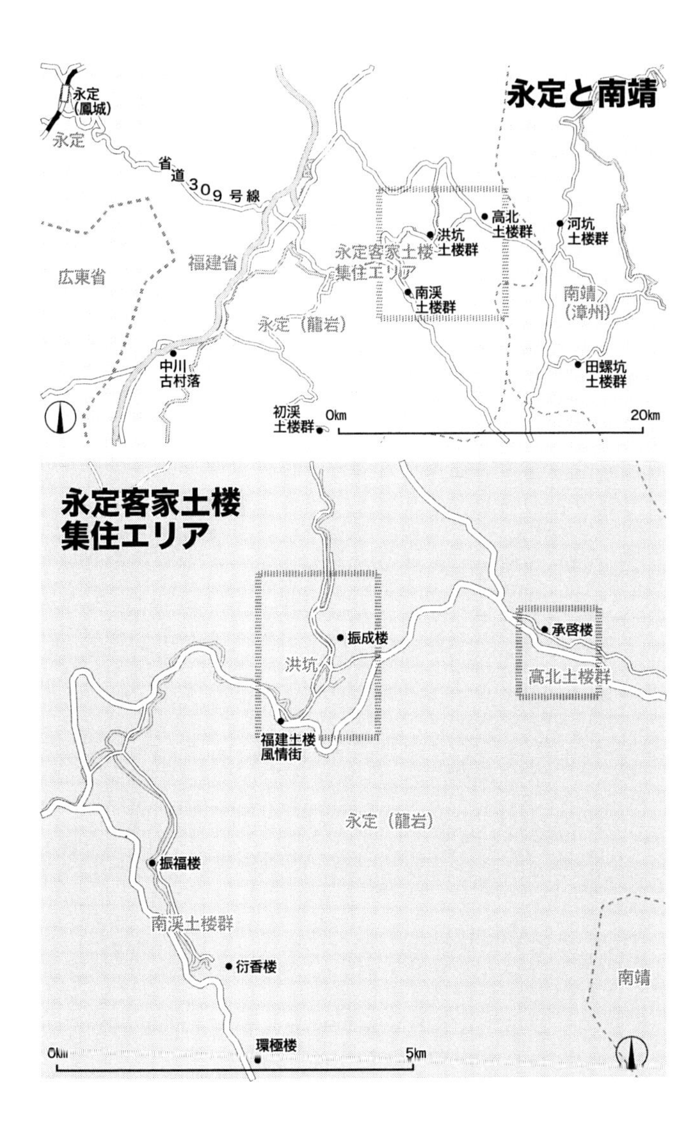
永定と南靖
永定
(鳳城)
永定
省道309号線
広東省
福建省
永定客家土楼
集住エリア
洪坑
土楼群
高北
土楼群
河坑
土楼群
南渓
土楼群
南靖
(漳州)
永定（龍岩）
中川
古村落
田螺坑
土楼群
初渓
土楼群
0km
20km
永定客家土楼
集住エリア
振成楼
洪坑
承啓楼
高北土楼群
福建土楼
風情街
永定（龍岩）
振福楼
南渓土楼群
衍香楼
南靖
環極楼
0km
5km

【MEMO】

【MEMO】

振成樓
振綱立紀
成德達材

Guide, Hong Keng Tu Lou
洪坑土楼鑑賞案内

永定のなかでも客家土楼の集まる洪杭
この村のシンボル振成楼を中心に
世界遺産の土楼群が点在する

洪坑土楼群 洪坑土楼群 **hóng kēng tǔ lóu qún**
ホォンカァントゥロウチュン［世界遺産］［★★★］

円形土楼と方形土楼が30棟ほど集まり、永定土楼民俗文化村の名前でも知られる洪坑土楼群。村の中央を金豊渓（汀江支流）が流れ、その両岸に土楼が点在する。この村に暮らす500戸ほどの家族のほとんどは林姓で、明清時代の湖坑は永定客家の村のなかでも撫市社前村とならんでもっとも繁栄したところだった（明代に福建省に伝来したタバコの産業で発展し、村には15の烟刀工場があった）。現在では、客家土楼観光の起点となり、ホテルやレストランがならぶ。洪坑土楼

【地図】洪坑の［★★★］

□ 洪坑 洪坑ホォンカァン

□ 振成楼 振成楼チェンチャンロウ

【地図】洪坑の［★★☆］

□ 如昇楼 如升楼ルウシャンロウ

【地図】洪坑の［★☆☆］

□ 福建土楼風情街 福建土楼风情街
フウジィエントゥロウフェンチンジエ

□ 環興楼 环兴楼フゥアンシィンロウ

□ 天后宮 天后宫ティエンホウゴォン

□ 福裕楼 福裕楼フウユウロウ

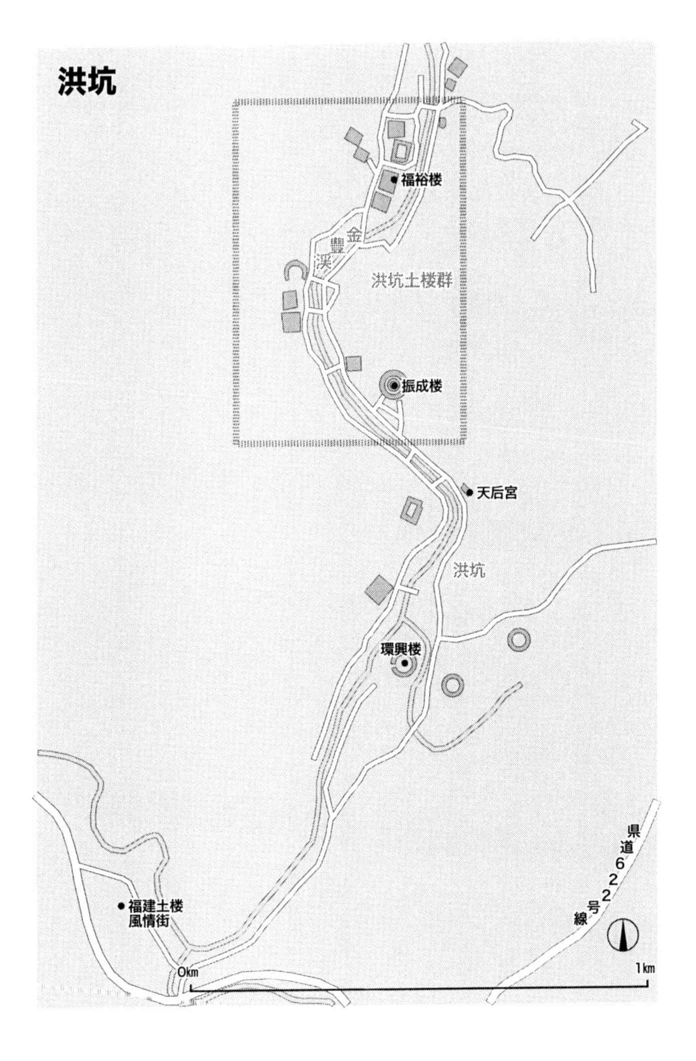
洪坑
福裕楼
金
豊
渓
洪坑土楼群
振成楼
天后宮
洪坑
環興楼
県道622号線
福建土楼風情街
0km
1km

【地図】洪坑土楼群の［★★★］

- □　洪坑 洪坑ホォンカァン
- □　振成楼 振成楼チェンチャンロウ

【地図】洪坑土楼群の［★★☆］

- □　如昇楼 如升楼ルウシャンロウ

【地図】洪坑土楼群の［★☆☆］

- □　慶成楼（博物館）庆成楼チィンチャンロウ
- □　福裕楼 福裕楼フウユウロウ
- □　奎聚楼 奎聚楼クイジュウロウ

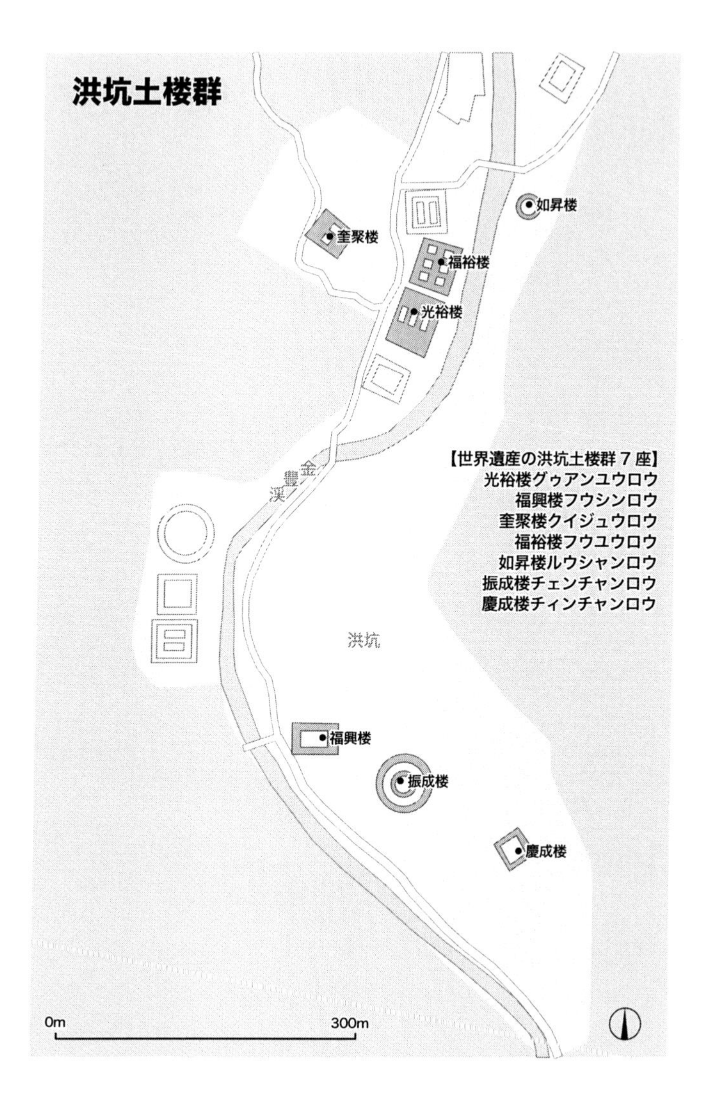
洪坑土楼群
如昇楼
奎聚楼
福裕楼
光裕楼
金
豐
溪
【世界遺産の洪坑土楼群 7 座】
光裕楼グゥアンユウロウ
福興楼フウシンロウ
奎聚楼クイジュウロウ
福裕楼フウユウロウ
如昇楼ルウシャンロウ
振成楼チェンチャンロウ
慶成楼チィンチャンロウ
洪坑
福興楼
振成楼
慶成楼
0m
300m

群のうち、「光裕楼」「福興楼」「奎聚楼」「福裕楼」「如昇楼」「振成楼」「慶成楼」の７座が世界遺産に指定されている。

福建土楼風情街 福建土楼风情街
fú jiàn tǔ lóu fēng qíng jiē
フウジィエントゥロウフェンチンジエ ［★☆☆］

洪坑のそばに整備された福建土楼風情街。客家の民族衣装を着た人びとの姿も見られ、土産物店などがならぶ

▲左　洪杭の南側に位置する環興楼。　▲右　洪杭の天后廟、永定では各集落ごとに天后廟が見られるという

環興楼 环兴楼 **huán xìng lóu フゥアンシィンロウ**［★☆☆］

永定土楼民俗文化村への入口付近に立つ円形土楼の環興楼。1550年ごろの創建で、いくどか重修されて現在の姿となった（太平天国の乱に巻き込まれたこともある）。4層からなる外壁、ひとつの大門を備え、李一族が暮らす。

天后宮 天后宮 **tiān hòu gōng ティエンホウゴォン** ［★☆☆］
永定土楼民俗文化村の入口付近に立つ天后宮。天后宮には、福建省莆田の地域神から中国全土に広がった「海の守り神」媽祖がまつられている（「天の后」にまで昇格した）。客家の人びとの多くが華僑として海を渡ったこともあって、この媽祖（天后）が信仰されるようになり、閩西南部の各集落に天后宮が位置する（永定から汀江をくだって潮州、汕頭にいたり、そこから海外へ向かった）。洪杭天后宮は四隅のそり返った屋根をもち、上部には廟を守護する龍が載る。

【MEMO】

客家と華僑

あとから移住してきた客家は、耕作条件のよくない山間部に暮らすことになり、くわえて水害や旱魃、人口過多、他宗族との争いといった環境におかれた。こうしたところから、客家の人びとの多くが、汕頭や厦門などの港町から、東南アジア、台湾に新天地を求めた。当地でも、客家語を紐帯に強い絆を見せ、教育、雇用、冠婚葬祭などで相互に助けあい、客家ネットワークをもとに事業を成功させていった（散髪「カミソリ」、仕立て「はさみ」、料理「包丁」の三刀の職業を皮切りに、国の経済を左右するほどになった華僑もいた）。ま

▲左　土楼観光の起点になる振成楼。　▲右　振成楼内部、建物そのものが八卦のプランをもつ

た客家の一族は、互いにお金を出しあって、華僑を海外に送り出し、成功した者は故郷に送金するといったことも見られた。客家幇は福建幇、広東幇、潮州幇、海南幇とならんで五大華僑にあげられ、孫文、シンガポールの李光耀（リー・クアンユー）、台湾の李登輝は客家華僑として知られる。

振成楼 振成楼
zhèn chéng lóu チェンチャンロウ［世界遺産］［★★★］

振成楼は永定土楼民俗文化村を代表する客家土楼で、「八卦（円形に近い）」の構造をもつ。外壁は4層で高さ16m、入口には「振綱立紀、成徳達材」の文言が見える。この振成楼には、刻みタバコで使う烟刀で財をなした林一族が暮らし、林氏三兄弟（徳山、仲山、仁山）の仁山の息子である鴻超が兄弟たちと 1912 ～ 17 年に完成させた。この振成楼は風水を踏まえて設計されており、八卦の要素がとり入れられている（直径 57.2m）。振成楼から五世代に渡って学者らを輩出したほか、住民のほとんどは香港、台湾、シンガポールへ渡っている（旧正月に戻ってくるという）。

教育を重んじた客家

客家は、都市部から離れた山間に暮らすが、客家の村では昔からほとんどの者が読み書きができたという。これは農耕に向かない土地に暮らす客家が、立身出世のために子弟の教育を重視したためで、一族をあげて官吏（科挙合格）に送り込むということも見られた（また軍人や警察官になる者も多かった）。富や名声、成功を手にした者は、それを故郷に還元し、なかには土楼を建てる者もいた。中国農村部に暮らす女性の半数が読み書きのできない時代でも、客家女性に限ってはほとんどが読み書きができたのだという。

タバコと永定

シガレット、葉巻、刻みタバコ、噛みタバコ、嗅ぎタバコの5つに分類されるタバコ（煙草）。トマト、ジャガイモ、唐辛子などと同じナス科の植物で、新大陸（アメリカ）を原産地とする。大航海時代、スペイン人宣教師によって、メキシコから西まわりでフィリピンへと伝わり、明の万暦（1573～1620年）年間に福建の船乗りによって漳州、泉州へともたらされた（それとは別にヨーロッパ経由の東まわりでも伝わっている）。清代、喫煙の慣習が広がると、喫煙しない人は「明代の人」と呼ばれるほどだった。福建省山奥部では、

▲左　洪坑では観光業を生業にする人も多い。　▲右　金豊渓のほとりに開けた集落、林一族が暮らす

収益性の高い商品作物として注目され、人びとは米に替わってタバコを生産するようになった（茶、藍、果物、花などが商品作物）。永定のタバコは江西省、広東省に販売され、朝廷への貢品になるほどだったという。巨大な客家土楼が明清時代に建てられるようになったのは、タバコ産業で財をなした一族が強盗や外敵から財産を守るためだとも言われる。

タバコで財をなした洪坑林三兄弟

明清時代の永定ではタバコ産業が広がり、多くの村は刻みタバコに使う烟刀の工房で財をなしていた。清代なかごろ、洪杭には烟刀の工房が15あったものの、清末には他の村にくらべて品質的におとるようになった。こうしたなか、洪杭の林仕栄は言葉の不自由なふりをして、人気の高い烟刀をつくっていた高陵鎮や横田村の工房にもぐり込み、住み込んで働き、その技術や製造工程を洪杭にもち帰って村人に伝えた（高陵鎮は煙刀、包丁、はさみ、剃刀や大工道具の名産を生み出す鉄郷と呼ばれていた）。そうして林仕栄の子孫である林氏三兄弟（徳山、仲山、仁山）は、長男徳山が「品質管理」、次男仲山が漳州や広東での「原材料の買いつけ」、三男仁山が上海や武漢、広州で「営業」というように役割分担をし、洪坑の日昇印の煙刀ブランドを築きあげた（この三兄弟が1880年に建てたのが福裕楼で、長男徳山、次男仲山がなくなったのちの1912年、三男仁山の子の鴻超が振成楼を建てはじめた）。やがて三兄弟の体制が崩れ、さらに日本の「アサヒ煙刀」が上海での販売をはじめ、煙刀１本購入するごとにタオル１枚プレゼントというサービスで、日昇印の煙刀を凌駕していった。

慶成楼（博物館）庆成楼
qìng chéng lóu チィンチャンロウ［世界遺産］［★☆☆］

振成楼のそばに立つ、3層からなる方形土楼の慶成楼。1937年に建てられ、永定客家土楼民俗博物館となっている。

福裕楼 福裕楼 **fú yù lóu フウユウロウ［世界遺産］［★☆☆］**

洪坑で烟刀工房「日昇」を経営し、財をなした林氏三兄弟（徳山、仲山、仁山）によって、1880年に建てられた福裕楼。南向きの前部が2層、両脇が3層、後部が5層という五鳳楼の変形様式をもつ（五鳳楼は、円楼登場以前の様式）。これ

▲左　こぢんまりとしたたたずまいの如昇楼。　▲右　永定洪坑を繁栄に導いた林三兄弟を生んだ福裕楼

まで数代以上に渡って林一族が暮らし、そのうちの林鴻超が福裕楼を出て南側に振成楼を建てた。

奎聚楼 奎聚楼
kuí jù lóu クイジュウロウ［世界遺産］［★☆☆］

金豊渓西側に立つ方形土楼の奎聚楼。前方が 3 層、後方が 4 層の様式をもつ。清朝時代の 1834 年に築かれた。

福建省

如昇楼 如升楼
rú shēng lóu ルウシャンロウ［世界遺産］［★★☆］

如昇楼（如升楼）は、洪坑鎮でもっとも小ぶりな円楼。清光緒年間（1875 ～ 1908 年）に建てられ、直径 17.4 m、3 層の円楼には 16 の間があり、林一族が暮らしている。外見が「米升」に似ていることから、「米升楼」ともいう。

CHINA
福建省

Guide, Gu Zhu Tu Lou
古竹土楼鑑賞案内

洪坑の北５kmに位置する古竹
永定を代表する宗族の蘇氏一族が暮らし
巨大な円楼の深遠楼が位置する

古竹 古竹 **gǔ zhú グウジュウ** ［★☆☆］

洪坑の北側に位置し、蘇氏一族が暮らす古竹。福建省海岸部の同安にいた蘇一族は、南宋(1127 ～ 1279 年)末に元軍と戦って敗れ、そこから広東省大埔をへて、蘇九三郎が永定古竹に移住してきたのをはじまりとする。明末の 16 世紀から墟(市場）がおかれ、周囲の農民たちが商品をもちよってにぎわいうようになった。蘇九三郎の後裔をまつる四大祠堂が残り、古竹の土楼には明代にさかのぼるものあり、「深遠楼」「五実楼（五拾楼)」などの土楼が知られる。

深遠楼 深远楼 **shēn yuǎn lóu シェンユゥエンロウ**［★☆☆］

深遠楼は、承啓楼（高北土楼群）とならんで最大の規模を誇る客家土楼。直径70mの円楼で、外周は250mを超える。清朝末期の1877年、古竹蘇一族によって創建され、多いときには600人を超える人が暮らしていたという。外環は4階建てで高さ13m、第1内環は2階建て、第2内環は平屋という三重の土楼となっている。

【地図】古竹の［★★★］

- □ 洪坑 洪坑ホォンカァン
- □ 振成楼 振成楼チェンチャンロウ
- □ 高北土楼群 高北土楼群ガオベイトゥロウチュン
- □ 承啓楼 承启楼チャンチイロウ

【地図】古竹の［★★☆］

- □ 南渓土楼群 南溪土楼群ナンシイトゥロウチュン
- □ 振福楼 振福楼チェンフウロウ
- □ 衍香楼 衍香楼イエンシイアンロウ
- □ 環極楼 环极楼フゥアンジイロウ

【地図】古竹の［★☆☆］

- □ 古竹 古竹グウジュウ
- □ 深遠楼 深远楼シェンユゥエンロウ
- □ 福建土楼風情街 福建土楼风情街
  フウジィエントゥロウフェンチンジエ

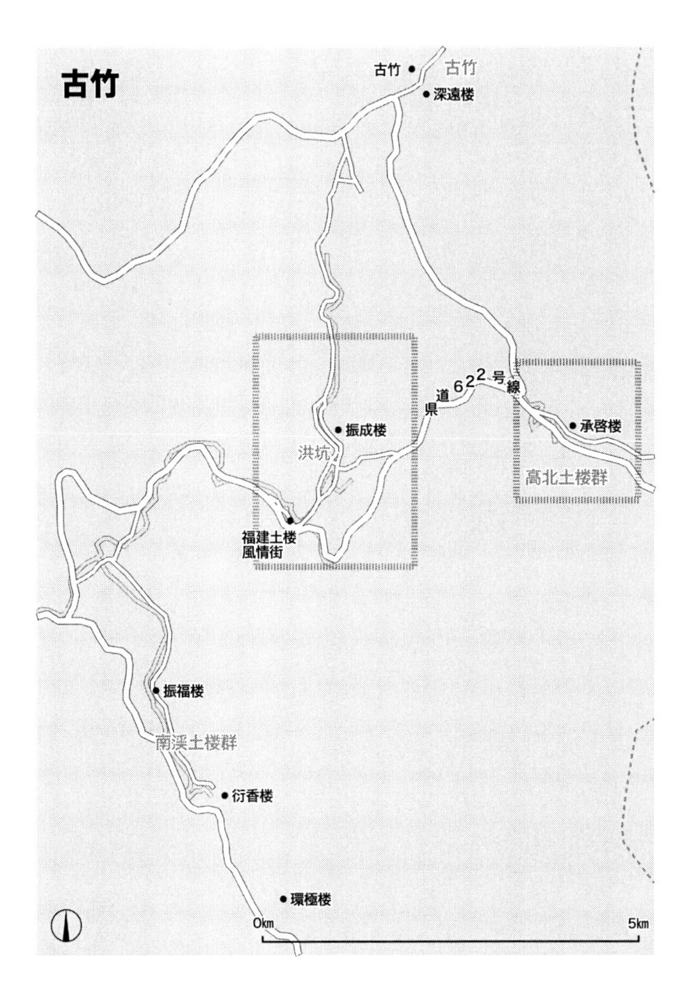
古竹
古竹
古竹
深遠楼
県道622号線
振成楼
洪坑
福建土楼
風情街
承啓楼
高北土楼群
振福楼
南渓土楼群
衍香楼
環極楼
0km
5km

Guide, Gao Bei Tu Lou
高北土楼鑑賞案内

高北土楼群には中国を代表する
建築のひとつにあげられる承啓楼が残る
大家族が巨大な円楼に暮らす

高北土楼群 高北土楼群 **gāo běi tǔ lóu qún**
ガオベイトゥロウチュン［世界遺産］［★★★］

永定では古竹蘇氏につぐ勢力をもつ江氏一族が集住し、客家集落高頭に位置する高北土楼群。南宋(1127 ～ 1279 年)末期、進士の江萬里はモンゴル族の元にくだらず、家族とともに江西から福建寧化石壁へ移住し、その後、上杭、高頭へと南遷してきた（永定高頭への定住を決めたのは元代の江百八郎で明代後期に宗族が形成された）。高頭には閩西各地へ続く街道の金豊路が走り、古竹蘇氏は 2 日と 7 日、高頭江氏は 3 日と 8 日に市を開いたという。やがて江氏子孫の江添澄、江添

【地図】高北土楼群の［★★★］
- □ 高北土楼群 高北土楼群ガオベイトゥロウチュン
- □ 承啓楼 承启楼チャンチイロウ
- □ 洪坑 洪坑ホォンカァン
- □ 振成楼 振成楼チェンチャンロウ

【地図】高北土楼群の［★☆☆］
- □ 僑福楼 侨福楼チャオフウロウ
- □ 世沢楼 世泽楼シイザアロウ
- □ 五雲楼 五云楼ウウユンロウ
- □ 順源楼 顺源楼シュンユゥエンロウ

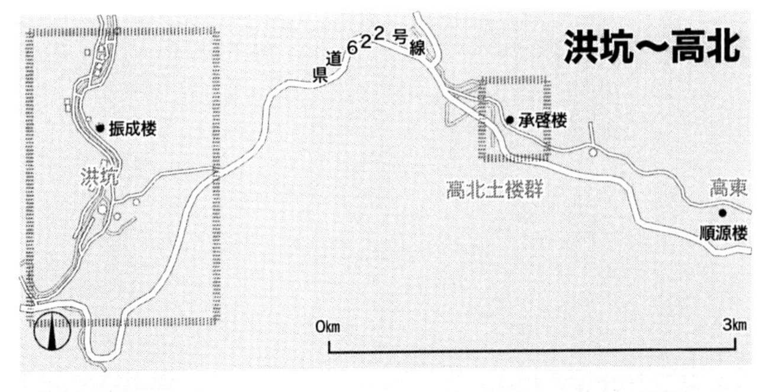
洪坑～高北
県道622号線
振成楼
洪坑
承啓楼
高北土楼群
高東
順源楼
0km
3km

高北土楼群
僑福楼
承啓楼
世沢楼
五雲楼
高北土楼群
【世界遺産の高北土楼群４座】
五雲楼ウウユンロウ
承啓楼チャンチイロウ
世沢楼シイザアロウ
僑福楼チャオフウロウ
0m
300m

湆、江添満以降、高東、高北、高南の三集落にわかれ、これらの集落にはそれぞれ始祖をまつる祠堂が残る。「客家土楼の最高峰」承啓楼は高北村にあり、その周囲には同族の建てた土楼が立つなど、円形土楼と方形土楼が分布する。高北土楼群のうち、「五雲楼」「承啓楼」「世沢楼」「僑福楼」の４座が世界遺産に指定されている。

▲左　世界遺産の福建土楼を象徴する承啓楼。　▲右　中央の祠堂を軸にぐるりと円形住居がめぐる

承啓楼 承启楼
chéng qǐ lóu チャンチイロウ［世界遺産］［★★★］

江氏高北村の客家のなかで、学問で名をあげた第15代江集成によって建てられ、世界有数規模をもつ円形住宅の承啓楼。1709年から3年かけて建設が進み、生土を固めて積みあげられた高さ12.4m、4層の外観をもつ（直径61m、外壁周囲は229.4mになる）。南門が正門で、東西にひとつずつ小さな門があり、1階外側には窓はなく、外部に対する閉鎖的な建物となっている。この円形住宅は3重になっていて、外側から、「4階建て（すべての階に72ずつの部屋）」、「2階建て

（すべての階に40ずつの部屋）」、「1階建ての平屋（32の部屋）」となり、中心部には「祠堂」が位置する。あわせて400の部屋を抱え、それぞれの房（部屋）に暮らす家族は共通の階段、台所を使い、中心、低層階に行くほど公的な要素が強くなる。この承啓楼を築いた江集成は、自身の4人の子どもに均等にわけて相続し、以降、江集成を共通の祖先とするいくつもの家族が暮らし、清朝末期には600人以上が入居していたという。国共内戦の1929年に破壊されることもあったが、その後も江氏一族が暮らし、承啓楼に生きる人びとの方針を示す「承前祖徳勤和倹、啓后子孫読与耕」の文言が見える。

土楼内部の様子

承啓楼の１階では､干しシイタケや干しタケノコ､野菜を洗ったり、洗濯をする女性の姿がある。客家は厨房、食堂、倉庫、風呂場、家畜小屋などを一族で共有し、祭祀、出産祝いも協働で行なって、土楼内の清掃作業を１世帯ずつもちまわる。これら複数の家族を結びつけるのが共通の祖先（承啓楼では江集成）で、中央の祠堂を中心に集団防衛と協働労働の精神がつらぬかれ、同規模の房（部屋）がずらりとならんで平等性が高い（客家は祖先崇拝とともに、道教の玉皇上帝、媽祖、関羽や、仏教の観音菩薩などを信仰する）。客家男性は華僑

【地図】承啓楼の［★★★］

□　承啓楼 承启楼チャンチイロウ

承啓楼

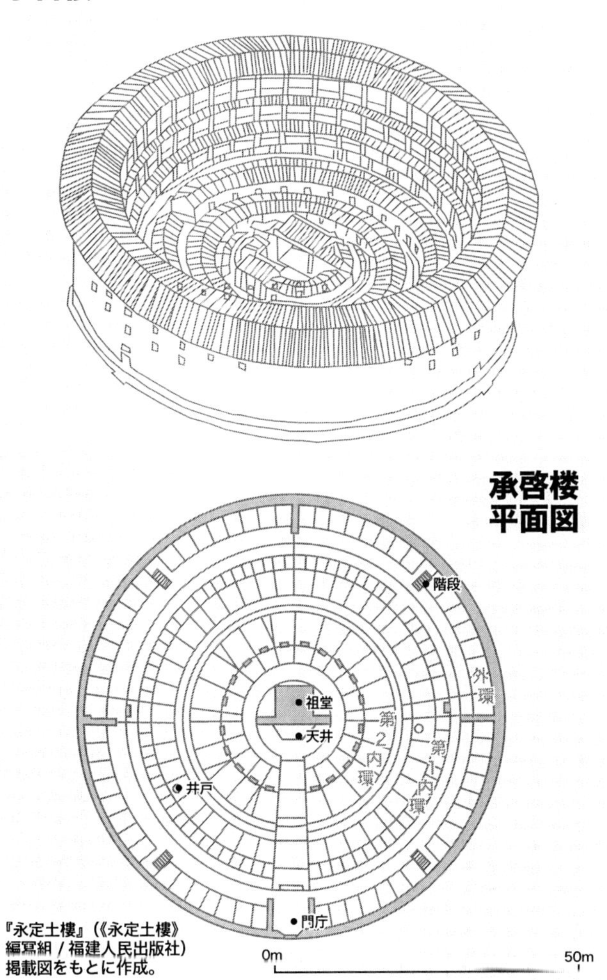

『永定土樓』(《永定土樓》編冩組 / 福建人民出版社)掲載図をもとに作成。

として海を渡っている者が多く、土楼内部ではお茶を飲む老人や子ども、農作業にも従事する女性の姿が見られる。旧正月に出稼ぎ先から故郷に帰ってきた客家の家族は、一同でお祝いをし、獅子舞や龍の舞で新年を祝う。

なぜ円楼になったか

北京の四合院などでも見られるように、四方を外壁で囲って外敵に備える建築は古代黄河中流域で生まれ、客家はその建築様式を南へもちこんだと言われる。最初期の客家土楼は、南遷当時の建築様式を残すという「五鳳楼」で、そこから「方

【MEMO】

楼」、やがて明代に「円楼」が登場した。天円地方の風水思想であること、円形住宅のほうが建材コストがかからないこと、土地を有効に使えること、暴風雨の風を受け流しやすいこと、分配しやすいこと、などが円形建築誕生の理由だとされる。また漳州地方にあった福建人の「円寨」の影響で、円楼が生まれたとも言われる（福建人の円楼のほうが客家円楼より古く、承啓楼は南宋末期の金山古寨をもとに清代に建てられたという）。円形土楼は閩西の客家居住区と閩南の福建人居住区のあいだに集中的に分布し、土楼のなかでも客家円楼と閩南人の円楼があるため、世界遺産には「福建土楼」と

▲左　承啓楼に隣接する五雲楼は方形土楼。　▲右　高北の客家集落の様子

して登録されている。円楼では資金を出した者が南門をふくむ一卦（8分の1）を所有し、あとは残りの宗族でわけるということも見られたという。

僑福楼 侨福楼
qiáo fú lóu チャオフウロウ［**世界遺産**］［★☆☆］
僑福楼は、ビルマ華僑による円形土楼。1962年に建てられ、その担い手は承啓楼の江一族から出た華僑だとされる。直径45m、単環で3層、30の部屋をもち、内部には西欧風の柱とテラスも見られる。

世沢楼 世泽楼 **shì zé lóu シイザアロウ**［**世界遺産**］［★☆☆］
承啓楼の東側に位置する方形土楼の世沢楼。明代の1565年に創建をさかのぼり、その後、いくども修築されて現在の姿となった。4層の楼閣は、南に門を構え、1階と2階は外側に窓がない。

五雲楼 五云楼 **wǔ yún lóu ウウユンロウ**［**世界遺産**］［★☆☆］
世界遺産の高北土楼群でもっとも東側に位置する五雲楼。明代の隆慶帝(1567～72年)時代に創建された古い土楼で、4層、方形のたたずまいをしている。承啓楼を建設した江集成は、もともとこの五雲楼に暮らしていたと考えられていて、社会的に成功した江集成は自らの家族とともに新たに円形土楼を築き、そちらに移住した。

順源楼 顺源楼 **shùn yuán lóu シュンユゥエンロウ**［★☆☆］
高北土楼群から東に位置する高東村に残る順源楼（江氏高頭村のひとつ）。この土楼は五角形のプランをもつ特異な姿をしていて、周囲に水路をめぐらせている。

中原にルーツをもつ客家

それぞれに吉祥名の楼号がつき
その姿から囲屋、囲龍屋とも呼ばれる土楼
客家は山歌を歌う文化、独特の衣食住をもつ

古い中原から続く客家語

「客家」と書いて、普通語（北京語）では「クージャー」と読むが、客家語では「ハッカ」と読む。中国では、歴史的にいくども北方民族が侵入したことから、言葉や言葉の音が時代とともに変化していった（「目」から「眼」へと漢字も変わっていった）。客家語の音は、客家がもともといた唐宋時代の中原の漢音をもとにすると言われ、その時代に日本語に入った中国音（音読み）と共通する部分も多い。「1、2、3、4、5」は、北京語では「イー、アール、サン、スー、ウー」、客家語では「イッ、ニー、サーム、シー、ウン」となる（日本

語同様、2を「ニー」と呼ぶのは、唐代までの北方中国語の発音だという)。この客家語も、各地によって違いがあるが、広東省梅州の客家語が標準客家語だとされる。

風水をとり入れた生活

大地の気の流れに対して、先祖の墓をどこにまつるか、家をどのように建てるか、どのように生活するか、といったことを考えて、生活を豊かにすることを目指す風水。この気の流れ(龍脈)は、崑崙山脈に発して、黄河、長江とともに東に走ると言われ、風水は江西省や福建省でとくに発展し、体系

▲左　吉祥を意味する文字が見える。　▲右　土楼内で飼われていた家畜

化された。大地に溶け込むようにたたずむ客家土楼は、その立地や土楼の設計は風水にもとづくとされ、円形土楼や方形土楼が隣りあわせるのは、「天円地方（天はまるく、大地は四角い）」の宇宙観（風水）を具現したものだともいう。また永定洪坑の振成楼は、八卦の陣のプランで、空間設計そのものが風水思想をもつ。こうしたところから、清代、福建省の官吏への訴えのなかでは、「ある新しい建物のために、自分の建物への気の流れが悪くなった」「一族の男が数人続けて死んだのは風水が壊されたためである」といった風水に関わるものが多かった（客家は古い中原の文化を残す二重葬を

行なうことも特徴)。1949 年に新中国が発足すると、この風水が迷信的であるとして非難されることもあった。

宗族の絆と閉鎖性

福建省や広東省では、共通の祖先をもつ宗族が発達し、洪坑の林氏、高頭の江氏というようにひとつの氏族で村（土楼）を形成することも見られる。客家は、中原の名門望族にさかのぼる族譜を作成し、1000 年に渡って続く由緒正しい出自を誇る。客家土楼の中心には、先祖をまつる祠堂があり、一族で内部空間を共有し、外部者を寄せつけない強固な外壁をめぐらせる。その強い血縁意識から、互いの宗族間で、鋤や鍬をもって争う「械闘」がしばしば起こり、ときに生命や財産が犠牲になった（明清時代に盛んだった）。土楼内に暮らす人たちはみな顔見知りで、入口は鉄のように強固な南門。そのため、誰かよそ者が土楼内に入るとすぐに気づかれ、「闖入者だ！」と声があがると、土楼内部の動きがぴたりととまり、一族の者が武器を手にして出て来るといったことも見られたという。

客家料理とは

客家は唐宋時代の北方（中原）の飲食、喫茶文化を南方にもたらし、ここで受けつがられてきた料理を「客家料理」と呼ぶ。客家は土楼内部で鶏などの家畜を飼って、豆腐づくりを行ない、豆をひくほか、乾燥干しにした野菜も見られる。こうした食材をもとにするため、客家料理は他の中華料理にくらべて比較的質素で、油っ気が少なく、山菜、つけもの、乾燥野菜、塩蔵魚肉、豆腐などを食材とする。また女性も労働することからか、塩辛い味つけで、乾いた米を好む（閩南人は甘い味や海鮮を好む）。宴会での最高の料理の「白斬鶏」、米茶（茶

▲左　書物を読む人、客家は総じて教育水準が高い。　▲右　野菜や鶏肉をベースにした客家料理

粥）に大豆や落花生などをくわえた「擂茶」が客家飲食文化の代表格で、細かく刻む中華の肉料理と違って、中華包丁で大雑把に切ったり、たたきつぶしたりするものが多い。

Guide, Nan Xi Tu Lou
南渓土楼鑑賞案内

永定を流れる南渓にそって
点在する土楼群
世界遺産の振福楼、衍香楼が位置する

南渓土楼群 南溪土楼群 **nán xī tǔ lóu qún**
ナンシイトゥロウチュン［世界遺産］［★★☆］

客家土楼の集まる洪坑から南郊外に点在する南渓土楼群。円楼、方楼などさまざまな土楼が100ほどあり、振福楼、衍香楼、環極楼などがその代表として知られる（そのうち、「衍香楼」と「振福楼」が世界遺産に指定されている）。

振福楼 振福楼
zhèn fú lóu チェンフウロウ［世界遺産］［★★☆］

湖坑鎮西片村に位置し、小さな渓流（南渓）にのぞむように

【地図】南渓土楼群の［★★★］

- □　洪坑 洪坑ホォンカァン
- □　振成楼 振成楼チェンチャンロウ
- □　高北土楼群 高北土楼群ガオベイトゥロウチュン
- □　承啓楼 承启楼チャンチイロウ

【地図】南渓土楼群の［★★☆］

- □　南渓土楼群 南溪土楼群ナンシイトゥロウチュン
- □　振福楼 振福楼チェンフウロウ
- □　衍香楼 衍香楼イエンシイアンロウ
- □　環極楼 环极楼フゥアンジイロウ

【地図】南渓土楼群の［★☆☆］

- □　東成楼 东成楼ドンチャンロウ

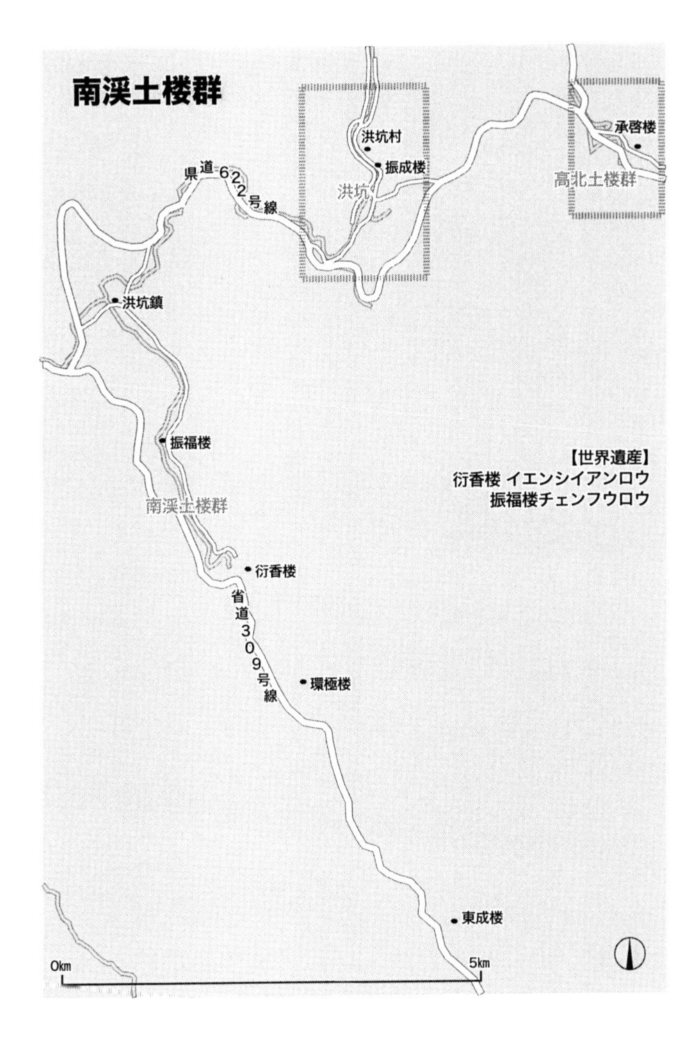
南渓土楼群
洪坑村
振成楼
承啓楼
県道622号線
洪坑
高北土楼群
洪坑鎮
振福楼
南渓土楼群
衍香楼
省道309号線
環極楼
東成楼
【世界遺産】
衍香楼 イエンシイアンロウ
振福楼チェンフウロウ
0km
5km

立つ振福楼。3層、直径43.5mからなる円楼で、1913年、タバコ産業で財をなした蘇振太によって建てられた。大門には「振衣千仞、福履万年」の文言がかかげられ、20世紀以後の建築であることから、西欧建築の影響も見える。

衍香楼 衍香楼
yǎn xiāng lóu イエンシイアンロウ［世界遺産］［★★☆］
高さ15m、4層の円形住居部分と、中央の方形祠堂からなる直径40mの衍香楼。1階の壁の厚さは1.5m、4階は0.7mで、それぞれの階に34の房（部屋）があり、あわせて136の房

▲左　南渓のほとりに点在する土楼群。　▲右　タバコ産業で財をなした客家による衍香楼

(部屋) をもつ。衍香楼を建てた蘇谷香は、故郷の農民にタバコを栽培させ、上海で刻みタバコを売って事業を成功させた。自身の名前「香」をつけた衍香楼はその財によるもので、1842年に建てられ、一族が学問で成功してほしいという思いがこめられている。衍香楼には蘇谷香を共通の祖先とする人たちが暮らし、多くの学者や教員、600人の華僑を輩出した。

反骨の客家

のちに衍香楼を建てる蘇谷香は貧しい少年時代を過ごし、米がなくなったため、母親は知り合いに三升の米を借りに行った。その相手から「お前はこの米を返すことができるのか？」とからかわれると、蘇谷香はその米を相手に突き返したという。13歳で丁稚奉公に出た蘇谷香は、その後、上海の薬屋で働き、やがて自分で事業をはじめ、タバコ産業で財をなすようになった。やがて海外製のタバコの輸入もあって、蘇谷香のタバコ事業は衰退したが、その後、アメリカに渡って事業を続けた。

▲左　衍香楼の南 1.5kmに立つ環極楼。　▲右　環極楼は完璧なまでの円形住居をめぐらせる

環極楼 环极楼 **huán jí lóu フゥアンジイロウ**［★★☆］

高さ 20m、4 階建てで、二重の円形住居からなる環極楼（直径 43.2m）。円楼内部の中心は広場（空間）となっていて、その中心に向かって屋根瓦が隙間なくめぐる姿が美しい。清朝の 1693 年の創建で、度重なる地震でもほとんど被害を受けず、そのままの状態を保つほど構造がしっかりとしている。この環極楼は、北極星にたとえられる。

東成楼 东成楼 **dōng chéng lóu ドンチャンロウ**［★☆☆］

南渓南江村に位置し、八角形のプランをもつことから、「八角楼」とも呼ばれる東成楼。もともと方形土楼として建設されはじめたが、その一角に黄婆の墓地があり、そのため、角を削り、風水のバランスをとるため、残りの角をすべて削ったことから八角形となった。清朝（1616 ～ 1912 年）末期の創建。

【MEMO】

Guide, Chu Xi Tu Lou
初渓土楼鑑賞案内

円楼と方楼が寄り添うようにして
美しい景観をつくる初渓土楼群
10座の客家土楼が世界遺産に指定されている

初渓土楼群 初溪土楼群 chū xī tǔ lóu qún
チュウシイトゥロウチュン［世界遺産］［★★☆］

洪坑の南西郊外、広東省との省境近くに位置する下洋に位置する初渓土楼群。標高1200mほどの丘陵地帯に土楼が集まり、渓流、小さな橋、背後の山と土楼が溶け込むように展開する（客家の徐一族が暮らす）。土楼名に吉祥を意味する「慶」のつくことを特徴とし、初渓土楼群のうち、「集慶楼」「余慶楼」「縄慶楼」「華慶楼」「庚慶楼」「錫慶楼」「福慶楼」「共慶楼」「藩慶楼」「善慶楼」の10座が世界遺産に指定されている。

【地図】初渓土楼群の［★★★］

☐ 洪坑 洪坑ホォンカァン

☐ 振成楼 振成楼チェンチャンロウ

【地図】初渓土楼群の［★★☆］

☐ 南渓土楼群 南溪土楼群ナンシイトゥロウチュン

☐ 振福楼 振福楼チェンフウロウ

☐ 衍香楼 衍香楼イエンシイアンロウ

☐ 環極楼 环极楼フゥアンジイロウ

☐ 初渓土楼群 初溪土楼群チュウシイトゥロウチュン

☐ 集慶楼 集庆楼ジイチンロウ

【地図】初渓土楼群の［★☆☆］

☐ 縄慶楼 绳庆楼シェンチンロウ

☐ 中川古村落 中川古村落
チョンチュゥアングウチュンルゥオ

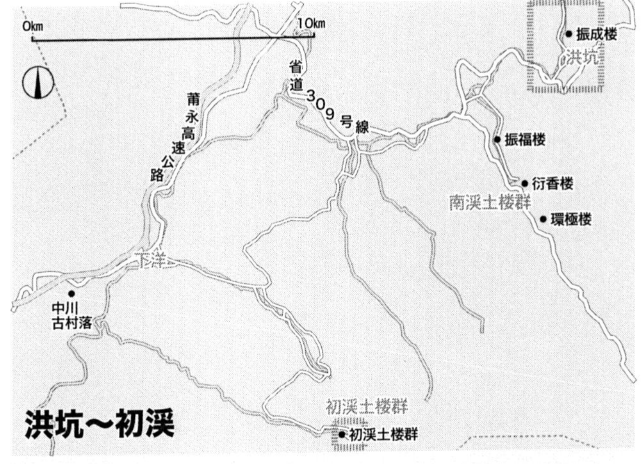
0km
10km
振成楼
洪坑
省道309号線
莆永高速公路
振福楼
衍香楼
南渓土楼群
環極楼
下洋
中川古村落
初渓土楼群
初渓土楼群
洪坑～初渓

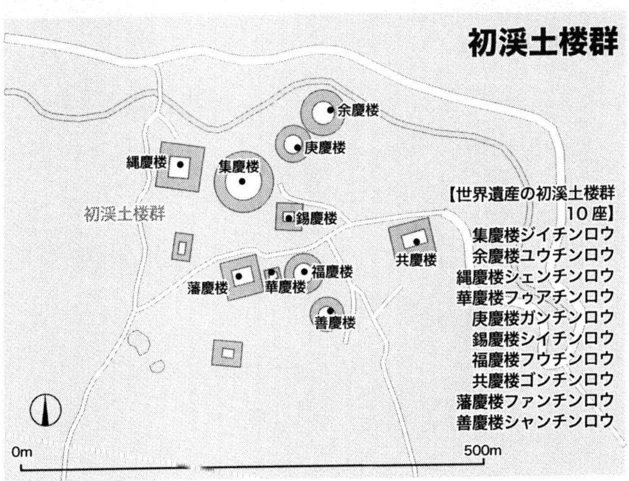
初渓土楼群
余慶楼
庚慶楼
縄慶楼
集慶楼
初渓土楼群
錫慶楼
共慶楼
福慶楼
藩慶楼
華慶楼
善慶楼
【世界遺産の初渓土楼群10座】
集慶楼ジイチンロウ
余慶楼ユウチンロウ
縄慶楼シェンチンロウ
華慶楼フゥアチンロウ
庚慶楼ガンチンロウ
錫慶楼シイチンロウ
福慶楼フウチンロウ
共慶楼ゴンチンロウ
藩慶楼ファンチンロウ
善慶楼シャンチンロウ
0m
500m

▲左　土楼内部の生活空間。　▲右　１層から４層まで住居が連なる

集慶楼 集庆楼 **jí qìng lóu ジイチンロウ**［世界遺産］［★★☆］

初渓土楼群で最大の規模を誇り、もっとも古い1419年の創建になる集慶楼。直径66m、4層（1階53房、2層以上は56の房）からなる単元式円楼は、各家族ごとに階段があることを特徴とする。この土楼内の多くの階段は、1744年の修築時につけられたもので、それぞれの家族がより自律的な生活をしている。中央には、一族の共通の祖先をまつる祖堂が位置する。

【MEMO】

福建省

縄慶楼 绳庆楼
shéng qìng lóu シェンチンロウ［世界遺産］［★☆☆］

4層、正方形のプランからなり、168の房（部屋）をもつ縄慶楼。清代の1799年に創建され、中央には祖堂がおかれている。

中川古村落 中川古村落 **zhōng chuān gǔ cūn luò**
チョンチュゥアングウチュンルゥオ［★☆☆］

下洋から西2㎞ほどに離れたところに位置する中川村。ここは胡一族が暮らす集落で、マレーシア、シンガポール、ビルマ、タイ、ベトナムなど東南アジアで成功した華僑の胡文虎の故郷として知られる。胡文虎は中川村から、汀江をくだって汕頭にいたり、華僑として海を渡って薬タイガーバームを売って財をなした（筋肉痛、ねんざや関節痛に効くタイガーバームは、医者の少なかった東南アジアで重宝された。また星島日報などの新聞を発行した）。現在は中川古村落景区として整備され、華僑の出資で建てられた「胡氏家廟」「栄昌楼」「富紫楼」などが位置するほか、「巧名柱（石柱）」、中国建築と西欧様式が融合した建物も見られる。

Guide,
Nan Jing Tu Lou

南靖土楼鑑賞案内

永定とともに世界遺産の
福建土楼が集住する南靖
田螺坑土楼群や河坑土楼群が位置する

南靖 南靖 **nán jìng ナンジィン** [★★☆]

永定の東側に隣接する南靖は、閩西の客家（龍岩）と、東の閩南人（漳州）とがちょうど交わる地域にあたる。龍岩市の管轄の永定に対して、南靖は漳州市の管轄となっていて、たとえば南靖では、永定で見られない開漳聖王の陳元光がまつられている。南靖（南勝）には元代の1322年に県がおかれ、以来、漳州の管轄となり、1356年、「南方之静」を意味する南靖と名づけられた。円形土楼は客家と閩南人の居住地が交わる地帯で発明されたと言われ、南靖の円型土楼では客家が暮らす場合と閩南人が暮らす場合がある。南靖には1500を

【地図】南靖の［★★★］

- □ 田螺坑土楼群 田螺坑土楼群
  ティエンルゥオカントゥロウチュン
- □ 洪坑 洪坑ホォンカァン
- □ 振成楼 振成楼チェンチャンロウ
- □ 高北土楼群 高北土楼群ガオベイトゥロウチュン
- □ 承啓楼 承启楼チャンチイロウ

【地図】南靖の［★★☆］

- □ 南靖 南靖ナンジィン
- □ 裕昌楼 裕昌楼ユウチャンロウ
- □ 河坑土楼群 河坑土楼群ハアカントゥロウチュン
- □ 懐遠楼 怀远楼フゥアイユゥエンロウ
- □ 漳州 漳州チャンチョウ
- □ 南渓土楼群 南溪土楼群ナンシイトゥロウチュン
- □ 衍香楼 衍香楼イエンシイアンロウ
- □ 環極楼 环极楼フゥアンジイロウ

【地図】南靖の［★☆☆］

- □ 書洋 书洋シュウヤァン
- □ 塔下村 塔下村タアシィアチュン
- □ 石橋村 石桥村シイチャオチュン
- □ 雲水謡景区 云水谣景区ユンシュイヤオジィンチュウ
- □ 和貴楼 和贵楼ハアグイロウ
- □ 厥寧楼 厥宁楼ジュエニィンロウ
- □ 東成楼 东成楼ドンチャンロウ

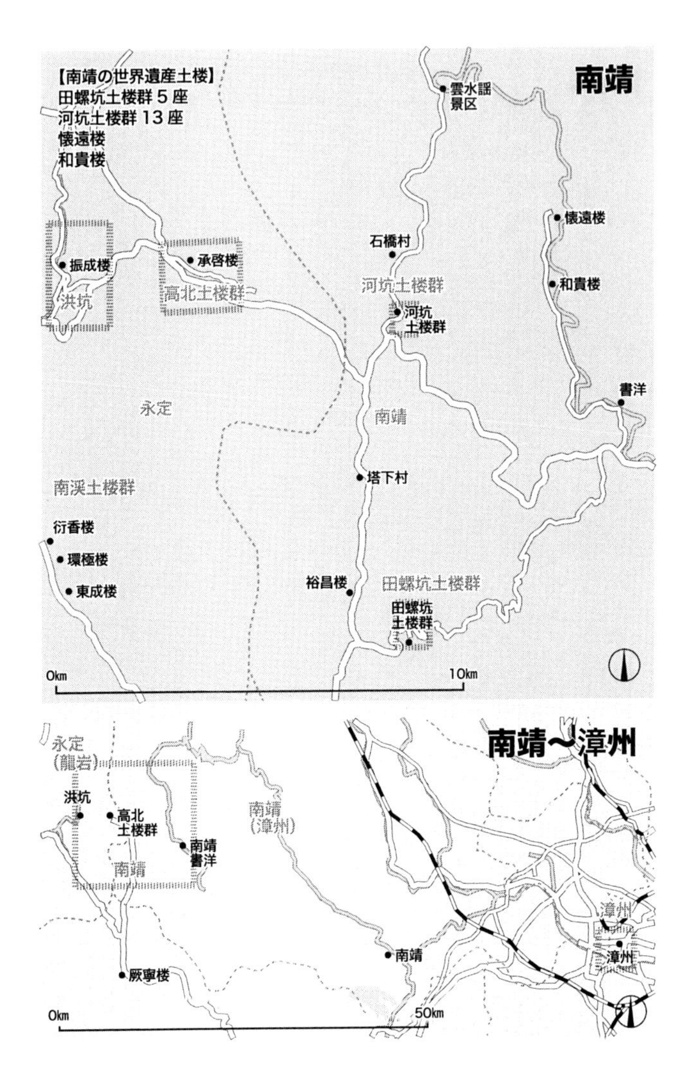
南靖
【南靖の世界遺産土楼】
田螺坑土楼群 5 座
河坑土楼群 13 座
懐遠楼
和貴楼
雲水謡
景区
懐遠楼
石橋村
振成楼
承啓楼
高北土楼群
洪坑
河坑土楼群
河坑
土楼群
和貴楼
書洋
永定
南靖
塔下村
南渓土楼群
衍香楼
環極楼
東成楼
裕昌楼
田螺坑土楼群
田螺坑
土楼群
0km
10km
南靖〜漳州
永定
(龍岩)
洪坑
高北
土楼群
南靖
書洋
南靖
(漳州)
南靖
漳州
漳州
南靖
厥寧楼
0km
50km

【地図】田螺坑土楼群の［★★★］

☐　田螺坑土楼群 田螺坑土楼群

ティエンルゥオカントゥロウチュン

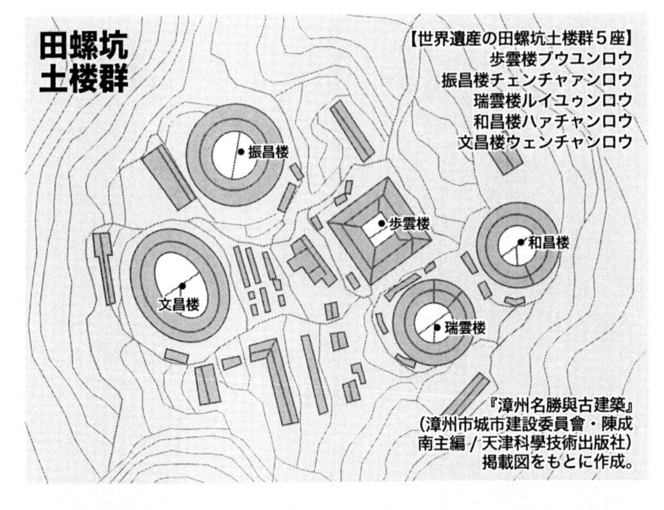
田螺坑
土楼群
【世界遺産の田螺坑土楼群５座】
歩雲楼ブウユンロウ
振昌楼チェンチャァンロウ
瑞雲楼ルイユゥンロウ
和昌楼ハァチャンロウ
文昌楼ウェンチャンロウ
振昌楼
歩雲楼
和昌楼
文昌楼
瑞雲楼
『漳州名勝與古建築』
(漳州市城市建設委員會・陳成
南主編 / 天津科學技術出版社)
掲載図をもとに作成。

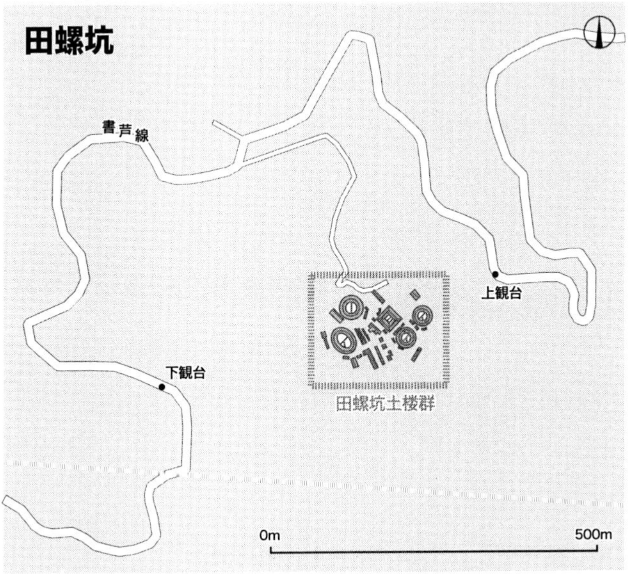
田螺坑
書芦線
上観台
下観台
田螺坑土楼群
0m
500m

超す土楼が分布し、なかでも円形土楼と方形土楼が集住する「田螺坑土楼」が知られる。

書洋 书洋 **shū yáng シュウヤァン**［★☆☆］

「土楼之郷」と言われ、南靖の土楼が集住する地域への足がかりとなる書洋。書洋に暮らす蕭一族は、宋代に江西省から石壁経由で南靖に移住してきて、そのなかの一派はさらに東の漳州へと移住したという。ここ南靖書洋では客家語と閩南語が話される。

▲左　下観台から見た田螺坑土楼群。　▲右　４つの円楼と１つの方楼が集まる田螺坑土楼群

田螺坑土楼群 田螺坑土楼群 **tián luó kēng tǔ lóu qún**
ティエンルゥオカントゥロウチュン［世界遺産］［★★★］

海抜780mの山の斜面の地形にあわせ、ひとつの方楼を囲むように４つの円楼が寄せあって展開する田螺坑土楼群。それぞれ3層からなる「和昌楼（円楼）」「瑞雲楼（円楼）」「歩雲楼（方楼）」「振昌楼（円楼）」「文昌楼（長円楼）」の5つの土楼はいずれも世界遺産に登録されている。最初の歩雲楼（方楼）は1796年に建てられ、その後、円楼が囲んでいき、代表的な直径28mの瑞雲楼（円楼）は、1918年に建造された。その姿から、料理の「四菜一湯」「梅の花」にもたとえられる。

5つの土楼は、一見、規律性のないように見えるが、祖先をまつる広間は、5つとも南西の方角に向かっているなど、風水が重視されている。

田螺坑土楼群の黄一族

田螺坑土楼群に暮らす黄一族は、族譜では堯舜時代にさかのぼる由緒正しい家柄だという。宋のはじめごろ、第42代黄氏が福建省石壁村に入り、その後の明代に南靖へやってきた。永定、南靖を往来することがあったが、黄百三郎のときにこの地に定住し、田螺坑土楼群が築かれていった。

裕昌楼 裕昌楼 **yù chāng lóu ユウチャンロウ**［★★☆］

裕昌楼は、外側に5層の住宅、中庭の中央に庁堂をもつ直径36mの円楼。劉氏一族が暮らすこの土楼は、1308年に創建され、その後、明末清初に重修されている。最大15度傾斜していることから「東倒西歪」の土楼と呼ばれる。

塔下村 塔下村 **tǎ xià cūn タアシィアチュン**［★☆☆］

山間を流れる渓流に面し、その美しい景観から「土楼水郷」と呼ばれる塔下村。塔下村創建者の張氏家廟（徳遠堂）を中心に、明末清初に建てられた土楼群が展開する。張氏家廟には、科挙で合格した人たちを示す20本の石の旗（石龍旗杆）が立つ。

河坑土楼群 河坑土楼群 **hé kēng tǔ lóu qún**
ハアカントゥロウチュン［世界遺産］［★★☆］

1平方キロメートルの面積のなかに、10を超す土楼が密集する河坑土楼群。明代建立の朝水楼（1549～53年）から、20世紀の永慶楼（1967～72年）までさまざまなかたちの土楼がここで建てられ続けた。河坑土楼群のうち、「朝水楼」「永盛楼」「縄慶楼」「永栄楼」「南薫楼」「陽照楼」「永貴楼」「裕

【MEMO】

【地図】河坑土楼群の［★★★］

- □ 田螺坑土楼群 田螺坑土楼群 ティエンルゥオカントゥロウチュン
- □ 洪坑 洪坑ホォンカァン
- □ 振成楼 振成楼チェンチャンロウ
- □ 高北土楼群 高北土楼群ガオベイトゥロウチュン
- □ 承啓楼 承启楼チャンチイロウ

【地図】河坑土楼群の［★★☆］

- □ 河坑土楼群 河坑土楼群ハアカントゥロウチュン
- □ 裕昌楼 裕昌楼ユウチャンロウ
- □ 南渓土楼群 南溪土楼群ナンシイトゥロウチュン
- □ 振福楼 振福楼チェンフウロウ
- □ 衍香楼 衍香楼イエンシイアンロウ
- □ 環極楼 环极楼フゥアンジイロウ

【地図】河坑土楼群の［★☆☆］

- □ 書洋 书洋シュウヤァン
- □ 塔下村 塔下村タアシィアチュン
- □ 石橋村 石桥村シイチャオチュン
- □ 和貴楼 和贵楼ハアグイロウ

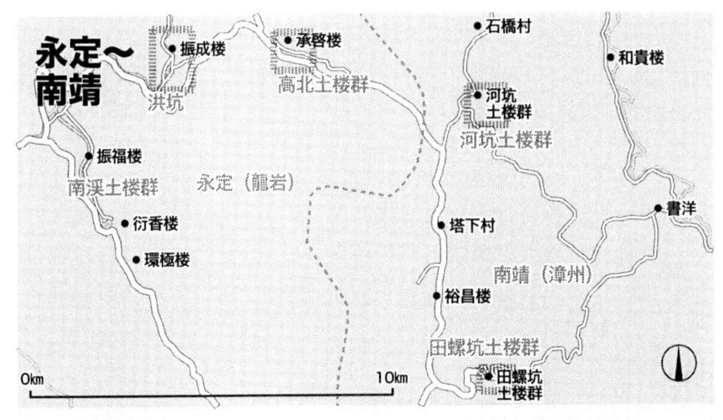
永定～
南靖
振成楼
洪坑
承啓楼
高北土楼群
石橋村
和貴楼
河坑
土楼群
河坑土楼群
振福楼
南渓土楼群
永定（龍岩）
衍香楼
環極楼
塔下村
書洋
南靖（漳州）
裕昌楼
田螺坑土楼群
田螺坑
土楼群
0km
10km

河坑土楼群
【世界遺産の河坑土楼群 13 座】
朝水楼チャオシュイロウ
永盛楼ヨンシャンロウ
縄慶楼シェンチンロウ
永栄楼ヨンロンロウ
南薫楼ナンシュンロウ
陽照楼ヤンチャオロウ
永貴楼ヨングイロウ
裕昌楼ユウチャンロウ
東升楼 ドンシャンロウ
春貴楼チュングイロウ
暁春楼シャオチュンロウ
永慶楼ヨンチンロウ
裕興楼ユウシンロウ
裕興楼
春貴楼
裕昌楼
永貴楼
陽照楼
朝水楼
河坑土楼群
永慶楼
暁春楼
東升楼
永盛楼
永栄楼
南薫楼
縄慶楼
0m
500m

福建省

昌楼」「東升楼」「春貴楼」「暁春楼」「永慶楼」「裕興楼」の13座が世界遺産に登録されている。これらの土楼群の分布具合は「北斗七星」にもたとえられる。

石橋村 石桥村 **shí qiáo cūn シイチャオチュン**［★☆☆］

渓流のほとりに土楼が点在する石橋村。1937年に完成した直径74.1m、高さ15m（四層）の巨大な「順裕楼」には張姓が暮らし「順時納裕、裕後光前」の文言が見える。また川の流れに並行し、高低差のある方形土楼の「長源楼」（1723年の創建）などが位置する。石橋村の男の多くが華僑となって

▲左　南靖の世界遺産のひとつ懐遠楼。　▲右　大地と住居が溶け込むようなたたずまい

海外に出ている。

雲水謡景区 云水谣景区 **yún shuǐ yáo jǐng qū**
ユンシュイヤオジィンチュウ［★☆☆］

南靖県梅林鎮に位置する雲水謡景区（長教官洋村）。元（1260 ～ 1368 年）末に集落が築かれ、村に残る巨大な榕樹、水車のまわる風景、土楼など美しい景色をもつ。この村を題材にした映画『雲水謡』から雲水謡景区の名前がつけられた。

懐遠楼 怀远楼 **huái yuǎn lóu**
フゥアイユゥエンロウ［世界遺産］［★★☆］

保存状態がよく、美しいたたずまいを見せる円形土楼の懐遠楼。直径33m、高さ13m、4層からなる土楼は1909～11年に建てられた（外を監視するための見張り台が四方にある）。簡一族が暮らすこの懐遠楼は、世界遺産に指定されている。

和貴楼 和贵楼 **hé guì lóu ハアグイロウ［世界遺産］**［★☆☆］

和貴楼は清代の1732年に建てられた簡一族の暮らす方形土楼。1926年に消失し、その後、10年かけて1936年に再建された。そのとき4層だった土楼は､高さ21.5m､5層になった。「山脚楼」とも呼ばれ、世界遺産に指定されている。

厥寧楼 厥宁楼 **jué níng lóu ジュエニィンロウ**［★☆☆］

洪坑土楼群から南20㎞郊外の平和芦渓鎮に位置する直径77mの厥寧楼。福建省南西部最大の円形土楼で、清朝康熙年間(1661～1722年)に40年かけて建てられた。「豊作厥寧」の額が門にはかかり、葉一族が暮らしている。

家永吉祥
天官赐福
开门大吉
貴
大發財

Guide, Da Di Tu Lou 大地土楼鑑賞案内

「神州第一楼」「民居瑰宝」とたたえられる二宜楼
大地土楼群には世界遺産に指定された
3つの土楼が残る

大地土楼群 大地土楼群 **dà dì tǔ lóu qún**
ダアディィイトゥロウチュン［世界遺産］［★★☆］

永定から北東の華安県に位置し、永定や南靖とならんで福建土楼が位置する大地土楼群。閩南の海岸部から丘陵地帯へと遷っていく場所にあたり、華安県内には畲族、高山族などの少数民族が暮らすことでも知られる（1928年に華安県がおかれた）。華安県大地土楼群は客家ではなく、閩南人による円楼があることも知られ、「二宜楼」はじめ、「南陽楼」「東陽楼」の3座が世界遺産に指定されている。

【地図】厦門～華安の［★★★］

□　二宜楼 二宜楼アアイイロウ

【地図】厦門～華安の［★★☆］

□　大地土楼群 大地土楼群ダアディィイトゥロウチュン

□　漳州 漳州チャンチョウ

【地図】厦門～華安の［★☆☆］

□　雨傘楼 雨伞楼ユウサァンロウ

□　斉雲楼 齐云楼チイユゥンロウ

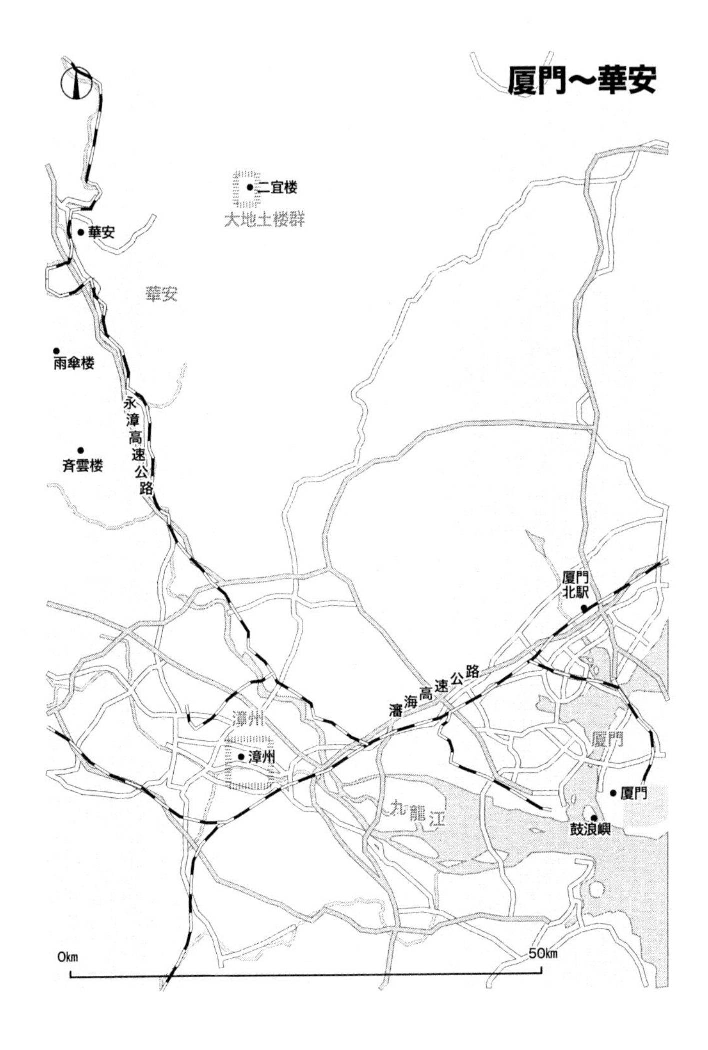
厦門～華安
二宜楼
大地土楼群
華安
華安
雨傘楼
永漳高速公路
斉雲楼
厦門
北駅
瀋海高速公路
漳州
漳州
厦門
厦門
九龍江
鼓浪嶼
0km
50km

【地図】大地土楼群の［★★★］

□　二宜楼 二宜楼アアイイロウ

【地図】大地土楼群の［★★☆］

□　大地土楼群 大地土楼群ダアディィイトゥロウチュン

【地図】大地土楼群の［★☆☆］

□　南陽楼 南阳楼ナンヤァンロウ

□　東陽楼 东阳楼ドォンヤァンロウ

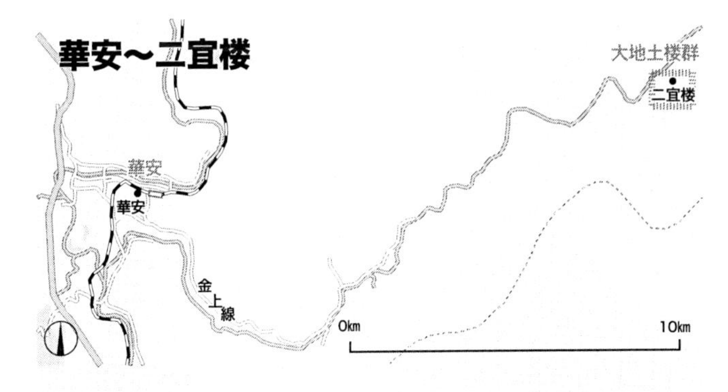
華安～二宜楼
大地土楼群
二宜楼
華安
華安
金
上
線
0km
10km

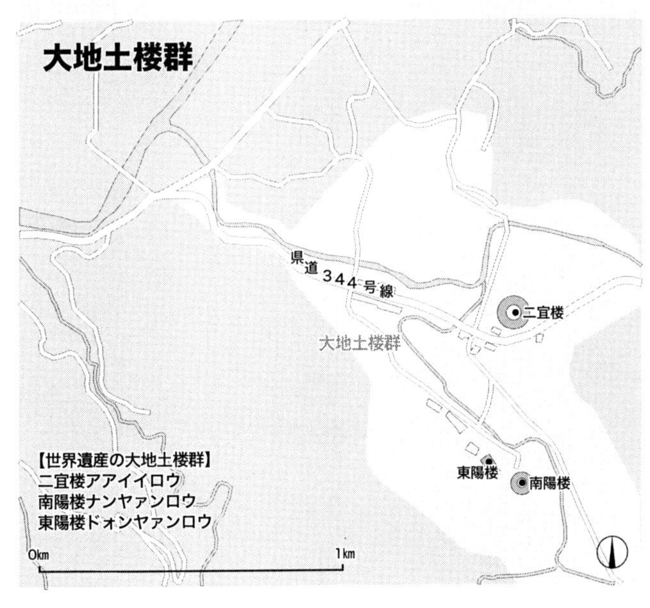
大地土楼群
県
道
344号
線
二宜楼
大地土楼群
東陽楼
南陽楼
【世界遺産の大地土楼群】
二宜楼アアイイロウ
南陽楼ナンヤァンロウ
東陽楼ドォンヤァンロウ
0km
1km

福建省

二宜楼 二宜楼 **èr yí lóu アアイイロウ［世界遺産］［★★★］**

懐石山を背にした風水上、優れた場所に立ち、規模の大きさ、保存状態のよさから「土楼の王」とたたえられる二宜楼。蒋士熊によって清代の1740年に建設がはじまり、30年かけて1770年に完成した。外壁4層、高さ18mで、円楼の直径は73.4m、中央は円形の中庭となっている。円楼は16のエリアにわかれ、244の房（部屋）が最上階（4階）の環状廊下でつながる様式をもつ。二宜楼に暮らす蒋一族は、客家語ではなく閩南語を母語とし、それぞれの家族の独立性は、客家と異なる閩南人の思考を示すのだという。1904年に火事が

▲左　木造建築に黒の屋根瓦、この地方の住居。　▲右　楼内を通路がめぐる

起こり、現在の二宜楼はその後、再建されたものだが、山水や人物を描いた壁画、木造彫刻などの装飾が土楼内を彩っている。

南陽楼 南阳楼 **nán yáng lóu ナンヤァンロウ**［**世界遺産**］［★☆☆］

二宜楼、東陽楼とともに大地土楼群を構成する南陽楼。二宜楼を建てた蒋士熊の孫にあたる太学士蒋経帮によって、清代の1819年に建立された。外環3層、直径51.6mからなる円形土楼で、32の部屋をもつ。土楼内には、清代の石彫や木彫などの装飾が見られる。

【地図】二宜楼の［★★★］

□　二宜楼 二宜楼アアイイロウ

二宜楼

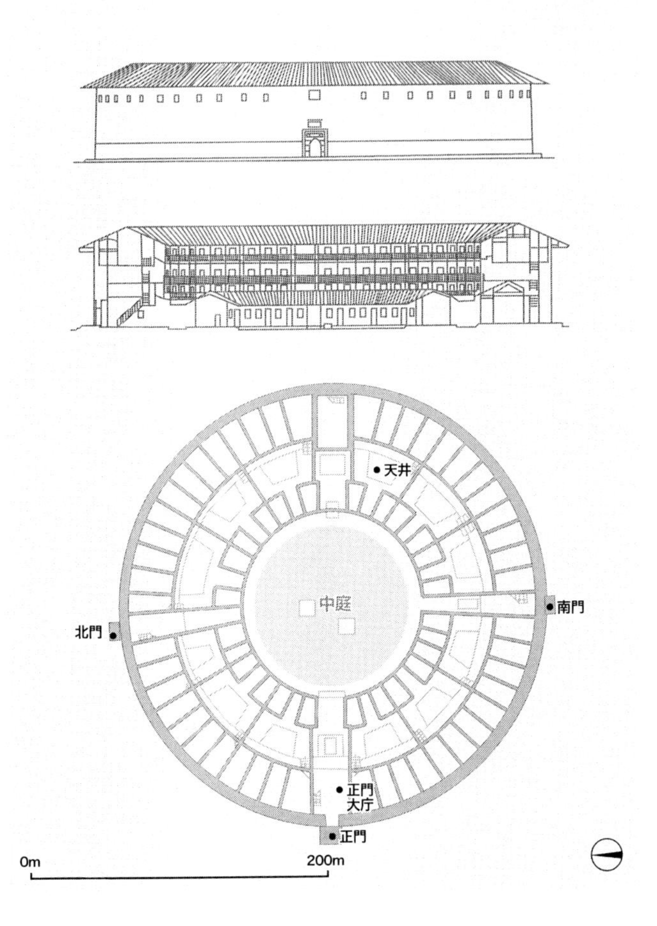

東陽楼 东阳楼
dōng yáng lóu ドォンヤァンロウ［世界遺産］［★☆☆］

南陽楼の西側に立つ方形土楼の東陽楼。1817年、科挙に合格した蒋宗杞によって建てられ、その子孫が暮らす（蒋宗杞は二宜楼を建てた蒋士熊の孫）。幅45.8m、奥行き26mのプランで、2層からなる。

雨傘楼 雨伞楼 **yǔ sǎn lóu ユウサァンロウ［★☆☆］**

華安県高車郷に位置する直径60mの円楼の雨傘楼。丘のうえに、雨傘をかぶせたように立つたたずまいを見せ、「閩南

【MEMO】

蓬莱仙閣」とも呼ばれる（標高 920m）。この地で建てられた最初期の円楼とされ、18 の房をもつ。

斉雲楼 斉云楼 **qí yún lóu チイユゥンロウ**［★☆☆］

華安県沙建郷に位置し、福建省に現存する最古級の円楼の斉雲楼。石壁から汀州をへて華安へ移住してきた郭氏によって、明代の 1590 年に建てられた。土楼下部は石積みとなっているなど、土楼建築初期の様子を今に伝える。郭氏は閩南語の話者。

CHINA
福建省

Guide, Yong Ding Jiao Qu
永定郊外鑑賞案内

龍岩市に点在する客家の集落
大夫弟、遺経楼、永隆昌楼などの
客家土楼を訪ねる旅

大夫弟 大夫弟 **dà fū dì ダアフウディィ** ［★☆☆］

背後に山、前方に水田が広がる風水上優れた地に建てられた大夫弟。五鳳楼という古い中原の建築様式をもち、鳳凰が両脇に翼を広げたようなたたずまいを見せることから「文翼楼」とも言う。この大夫弟に暮らす王一族は、客家揺籃の地の石壁村から南遷し、第10代王氏がこの地に定着し、その後、第19代王氏が1828年から7年かけて大夫弟を建設した（大夫とは高級官僚のことで、王一族から高級官僚が出たことを意味する）。東西20 m、南北53mからなる敷地に、4層、あわせて120の部屋をそなえ、1階は厨房と食堂、2階と3

階が居室と倉庫、4階に一族の長が暮らし、あたりを見渡せるように設計されている。

五鳳楼とは

戦乱や自然災害の多かった古代中国では、周囲に外壁をめぐらせて中央に中庭をもつ、四合院という建築様式が発展した。客家が南遷にあたって、この中原の四合院様式を南方にもたらし、それを発展させた様式が「五鳳楼」だと言われる。大夫弟は五鳳楼の典型とされ、前堂、中堂、後楼（主堂）が軸線上にならび、その左右の楼房からなる「三堂両横」の様式

【地図】永定郊外の［★★★］

- □ 洪坑 洪坑ホォンカァン
- □ 振成楼 振成楼チェンチャンロウ
- □ 高北土楼群 高北土楼群ガオベイトゥロウチュン
- □ 承啓楼 承启楼チャンチイロウ

【地図】永定郊外の［★★☆］

- □ 永定 永定ヨォンディン

【地図】永定郊外の［★☆☆］

- □ 龍岩 龙岩ロンユェン
- □ 大夫弟 大夫弟ダアフウディイ
- □ 遺経楼 遗经楼イイジィンロウ
- □ 西坡村天后宮 西坡村天后宫 シイポオチュンティエンホウゴォン
- □ 馥馨楼 馥馨楼フウシィンロウ
- □ 永隆昌楼 永隆昌楼ヨォンロォンチャァンロウ

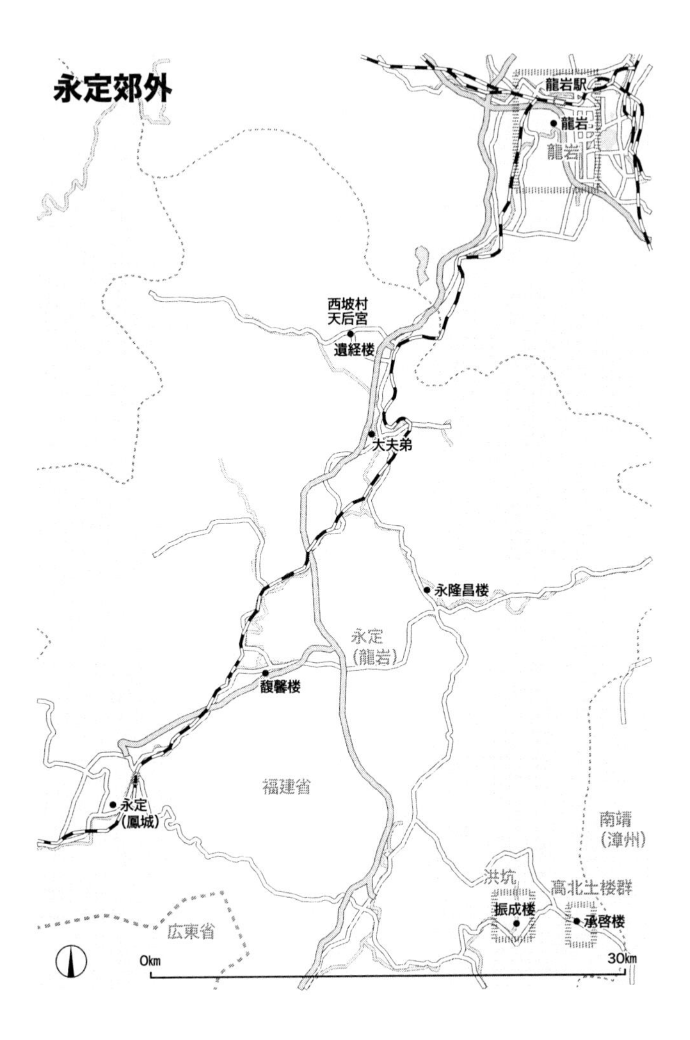
永定郊外
龍岩駅
龍岩
龍岩
西坡村
天后宮
遺経楼
大夫弟
永隆昌楼
永定
(龍岩)
馥馨楼
福建省
永定
(鳳城)
南靖
(漳州)
洪坑
高北土楼群
振成楼
承啓楼
広東省
0km
30km

をもつ。五鳳楼様式の建築は、永定県高陂から撫市、龍岩一帯に残り、福建省にもたらされた五鳳楼がこの地で閩南人の円形建築と出合い、円楼が生まれたと考えられている。

遺経楼 遺经楼 **yí jīng lóu イイジィンロウ** ［★☆☆］

高陂鎮に位置し、陳一族が暮らす方形土楼の遺経楼。1806年、第17代陳氏のときに建設がはじまり、以来、3代、70年かけて第19代陳氏のときに完成した。幅76m、奥行き136m、4層からなる巨大な土楼で、「ロ」の字型の中庭が前後にならんで「日」の字型となっている（あわせて201房をそなえ

▲左　売店の売り子さんたち、観光地化が進む。　▲右　文字そのものが意味をもつ漢字「酒」

る）。この遺経楼が建てられた時代は、乾隆帝から嘉慶帝にあたり、タバコ産業の興隆などによって永定の経済はよい状態だったという。

西坡村天后宮 西坡村天后宮 **xī pō cūn tiān hòu gōng**
シイポオチュンティエンホウゴォン ［★☆☆］

高陂鎮西陂村に残る航海の神さまがまつられた天后宮。この集落に暮らす林一族によって明代の 1543 年に建てられ、廟の背後に立つ 7 層の宝塔は高さ 40m になる。華僑として海を渡る客家は、ここ天后宮で祈りを捧げた。

馥馨楼 馥馨楼 **fù xīn lóu フウシィンロウ**［★☆☆］

湖雷鎮に残る馥馨楼（大楼厦）は、創建を北宋（960 ～ 1127 年)時代にさかのぼる。永定のなかでももっとも古い土楼で、林、易、周、章の四姓によって建立され、その後、孔氏一族のものとなった。

永隆昌楼 永隆昌楼 **yǒng lóng chāng lóu**
ヨォンロォンチャァンロウ［★☆☆］

明清時代、湖坑郷とともに永定で有数の繁栄を見せた撫市に残る永隆昌楼。清朝末期の 1874 年に建てられた旧永隆昌楼

【MEMO】

（福盛楼）と、その後、新たに建てられた新永隆昌楼（福善楼）からなる。両者は斜め45度で交わるプランをもち、巨大な建築群には、黄氏一族が暮らしている。

寧化石壁村 宁化石壁村 **níng huà shí bì cūn**
ニィンフゥアシイビイチュン［★☆☆］

江西省近く、福建省のちょうど入口にあたり、客家揺籃の地とされる寧化石壁村。福建省や広東省に暮らす客家は族譜をもち、先祖がここ寧化石壁村を経由してそれぞれの地に落ち着いたという記録が残っている。黄巣の乱（875～884年）

のとき、中原から逃れてきた親子は息も絶え絶えの状況で、ある兵士に出合う。兵士が「(親子の逃れた場所の) 入口に葛藤の葉をかかげれば、黄巣軍は襲わないだろう」と伝えると、実際にその通りになった。その場所こそ、寧化石壁洞葛藤村で、兵士は黄巣本人だったという。こうして生き延びることのできた客家の人びとは、さらに南へと逃れていった。唐代末期、中原から逃れてきた客家は、五代、宋代にかけて、外部から孤立した三省の境界地域で生活するなかで、客家独自の文化、言葉を形成していったと考えられている。寧化石壁村には客家公祠が立ち、客家にとっての聖地となっている。

山間の土楼から世界へ

福建省・江西省・広東省の三省が交わる一帯
決して豊かと言えない土地で
客家は知恵をしぼって暮らしてきた

働く客家女性

福建省には、中原の漢族とは異なる閩越の伝統が残り、「閩に纏足なし」と言われるように、女性は纏足せず、積極的に労働に参加してきた。なかでも客家は女性を重要な労働力とみなし、男が出稼ぎに出かけ、女が鋤や鍬をとって農作業に従事するといったこともめずらしくなかった（女性は山にのぼって薪をとり、水牛を使って耕作する）。また、客家は教育を重視したことから、中国農村の女性の半分が読み書きできない時代でも、客家女性のほとんどは読み書きができたという。客家女性の衣装は、明代の様式を今にとどめるといい、

香港の客家集落では、黒い布を周囲にたらす「客家涼帽」という帽子も見られる。勤勉で教育水準が高いことから、「嫁にもらうなら客家女性」と言われ、代表的客家女性に宋家の三姉妹がいる。

人材の輩出

太平天国の乱（1851 ～ 64 年）を起こした洪秀全は広西の客家出身で、その洪秀全に影響を受け、辛亥革命（1911 年）を指導した孫文も客家の出であった。「中国」の鄧小平、「台湾」の李登輝（その一族は永定に祖籍をもつ）、「シンガポー

▲左　お茶を飲むための椅子がならぶ。　▲右　土楼近くの橋に野菜が干されていた

ル」の李光耀（リー・クアンユー）。20世紀末、「香港」をくわえた4つの中華圏のうち、3人の指導者が客家出身であった。歴史的に、地元民から「客」と呼ばれ、農耕に適さない山間の貧しい地に生きた客家は、一族の絆を大切にし、教育に力を入れてきた。ある者は官僚に登用され、またある者は華僑として海を渡り、当地で成功した。そうした背後には客家人脈によるネットワークがあり、1000年以上も移住を続けた客家がたどり着いた土地のひとつが、シンガポールと見ることもできるのだという。

CHINA
福建省

客家のシンボルとなった円楼

福建省に多く分布する土楼が、客家や風水と結びつけて考えられるようになったのは20世紀の後半のことだという。山間の貧しい土地に生き、地元民から「客」とされ、ときに被差別の対象にもなってきた客家。彼らは「自分たちこそ正統である」ということを証明するため、中原の望族につながる族譜を編み、客家知識人たちは客家語や習俗の研究をした。21世紀になると、客家居住地域に分布する土楼（とくに円楼）が客家のシンボルと見られるようになり、もともと円楼のなかった広東省梅州や台湾でも客家を象徴する円形土楼が建てられるようになった（土楼には客家土楼のほか、閩南人の暮らす土楼がある）。また、広東省東部の梅州は、「世界の客都」とされ、世界に分布する客家人にとって精神的首都となっている。

参考文献

『福建土樓』（黄漢民 / 漢聲雜誌社 ）
『汀江流域の地域文化と客家』（蔡驎 / 風響社）
『福建省南西部地域における客家と円型土楼』（瀬川昌久 / 東北アジア研究）
『客家』（高木桂蔵 / 講談社）
『客家民居の世界』（茂木計一郎・片山和俊 / 風土社）
『特集 客家の人々と土楼の暮らし』（丘桓興 / 人民中国）
『客家の創生と再創生』（瀬川昌久・飯島典子 / 風響社）
『土楼故事』（谢小建主编 / 永定土楼文化研究会编）
『土楼与客家』（胡大新主编 / 永定县博物馆编 ）
『「械闘」の歴史からみる客家土楼と地域社会』（小林宏至 / 民俗文化研究）
福建永定政府网（中国語）http://www.fjyd.gov.cn/
南靖县人民政府门户网站（中国語）http://www.fjnj.gov.cn/
华安县政府网（中国語）http://www.huaan.gov.cn/
『世界大百科事典』（平凡社）
UNESCO World Heritage Centre whc.unesco.org/

まちごとパブリッシングの旅行ガイド

Machigoto INDIA , Machigoto ASIA , Machigoto CHINA

【北インド - まちごとインド】

001 はじめての北インド
002 はじめてのデリー
003 オールド・デリー
004 ニュー・デリー
005 南デリー
012 アーグラ
013 ファテープル・シークリー
014 バラナシ
015 サールナート
022 カージュラホ
032 アムリトサル

【西インド - まちごとインド】

001 はじめてのラジャスタン
002 ジャイプル
003 ジョードプル
004 ジャイサルメール
005 ウダイプル
006 アジメール（プシュカル）
007 ビカネール
008 シェカワティ
011 はじめてのマハラシュトラ
012 ムンバイ
013 プネー
014 アウランガバード
015 エローラ
016 アジャンタ
021 はじめてのグジャラート
022 アーメダバード
023 ヴァドダラー（チャンパネール）
024 ブジ（カッチ地方）

【東インド - まちごとインド】

002 コルカタ
012 ブッダガヤ

【南インド - まちごとインド】

001 はじめてのタミルナードゥ
002 チェンナイ
003 カーンチプラム
004 マハーバリプラム
005 タンジャヴール
006 クンバコナムとカーヴェリー・デルタ
007 ティルチラパッリ
008 マドゥライ
009 ラーメシュワラム
010 カニャークマリ
021 はじめてのケーララ
022 ティルヴァナンタプラム
023 バックウォーター（コッラム～アラップーザ）
024 コーチ（コーチン）
025 トリシュール

【ネパール - まちごとアジア】

001 はじめてのカトマンズ
002 カトマンズ
003 スワヤンブナート

004 パタン
005 バクタプル
006 ポカラ
007 ルンビニ
008 チトワン国立公園

【バングラデシュ - まちごとアジア】

001 はじめてのバングラデシュ
002 ダッカ
003 バゲルハット（クルナ）
004 シュンドルボン
005 プティア
006 モハスタン（ボグラ）
007 パハルプール

【パキスタン - まちごとアジア】

002 フンザ
003 ギルギット（KKH）
004 ラホール
005 ハラッパ
006 ムルタン

【イラン - まちごとアジア】

001 はじめてのイラン
002 テヘラン
003 イスファハン
004 シーラーズ
005 ペルセポリス
006 パサルガダエ（ナグシェ・ロスタム）
007 ヤズド
008 チョガ・ザンビル（アフヴァーズ）
009 タブリーズ
010 アルダビール

【北京 - まちごとチャイナ】

001 はじめての北京
002 故宮（天安門広場）
003 胡同と旧皇城
004 天壇と旧崇文区
005 瑠璃廠と旧宣武区
006 王府井と市街東部
007 北京動物園と市街西部
008 頤和園と西山
009 盧溝橋と周口店
010 万里の長城と明十三陵

【天津 - まちごとチャイナ】

001 はじめての天津
002 天津市街
003 浜海新区と市街南部
004 薊県と清東陵

【上海 - まちごとチャイナ】

001 はじめての上海
002 浦東新区
003 外灘と南京東路
004 淮海路と市街西部
005 虹口と市街北部
006 上海郊外（龍華・七宝・松江・嘉定）
007 水郷地帯（朱家角・周荘・同里・甪直）

【河北省 - まちごとチャイナ】

001 はじめての河北省
002 石家荘
003 秦皇島
004 承徳
005 張家口
006 保定
007 邯鄲

【江蘇省 - まちごとチャイナ】

001 はじめての江蘇省
002 はじめての蘇州
003 蘇州旧城
004 蘇州郊外と開発区
005 無錫
006 揚州
007 鎮江
008 はじめての南京
009 南京旧城
010 南京紫金山と下関
011 雨花台と南京郊外・開発区
012 徐州

【浙江省 - まちごとチャイナ】

001 はじめての浙江省
002 はじめての杭州
003 西湖と山林杭州
004 杭州旧城と開発区
005 紹興
006 はじめての寧波
007 寧波旧城
008 寧波郊外と開発区
009 普陀山
010 天台山
011 温州

【福建省 - まちごとチャイナ】

001 はじめての福建省
002 はじめての福州
003 福州旧城
004 福州郊外と開発区
005 武夷山
006 泉州
007 厦門
008 客家土楼

【広東省 - まちごとチャイナ】

001 はじめての広東省
002 はじめての広州
003 広州古城
004 天河と広州郊外
005 深圳（深セン）
006 東莞
007 開平（江門）
008 韶関
009 はじめての潮汕
010 潮州
011 汕頭

【遼寧省 - まちごとチャイナ】

001 はじめての遼寧省
002 はじめての大連
003 大連市街
004 旅順
005 金州新区

006 はじめての瀋陽
007 瀋陽故宮と旧市街
008 瀋陽駅と市街地
009 北陵と瀋陽郊外
010 撫順

【重慶 - まちごとチャイナ】

---

001 はじめての重慶
002 重慶市街
003 三峡下り（重慶〜宜昌）
004 大足

【香港 - まちごとチャイナ】

---

001 はじめての香港
002 中環と香港島北岸
003 上環と香港島南岸
004 尖沙咀と九龍市街
005 九龍城と九龍郊外
006 新界
007 ランタオ島と島嶼部

【マカオ - まちごとチャイナ】

---

001 はじめてのマカオ
002 セナド広場とマカオ中心部
003 媽閣廟とマカオ半島南部
004 東望洋山とマカオ半島北部
005 新口岸とタイパ・コロアン

【Juo-Mujin（電子書籍のみ）】

Juo-Mujin 香港縦横無尽
Juo-Mujin 北京縦横無尽
Juo-Mujin 上海縦横無尽

【自力旅游中国 Tabisuru CHINA】

---

001 バスに揺られて「自力で長城」
002 バスに揺られて「自力で石家荘」
003 バスに揺られて「自力で承徳」
004 船に揺られて「自力で普陀山」
005 バスに揺られて「自力で天台山」
006 バスに揺られて「自力で秦皇島」
007 バスに揺られて「自力で張家口」
008 バスに揺られて「自力で邯鄲」
009 バスに揺られて「自力で保定」
010 バスに揺られて「自力で清東陵」
011 バスに揺られて「自力で潮州」
012 バスに揺られて「自力で汕頭」
013 バスに揺られて「自力で温州」
014 バスに揺られて「自力で福州」
015 メトロに揺られて「自力で深圳」

【車輪はつばさ】
南インドのアイ
ラヴァテシュワラ
寺院には建築本体
に車輪がついていて
寺院に乗った神さまが
人びとの想いを運ぶと言います。

・本書はオンデマンド印刷で作成されています。
・本書の内容に関するご意見、お問い合わせは、発行元の
まちごとパブリッシング info@machigotopub.com までお願いします。

まちごとチャイナ
福建省008客家土楼
〜永定・南靖・華安と「福建土楼」[モノクロノートブック版]

2017年11月14日　発行

著　者　「アジア城市（まち）案内」制作委員会
発行者　赤松　耕次
発行所　まちごとパブリッシング株式会社
〒181-0013　東京都三鷹市下連雀4-4-36
URL　http://www.machigotopub.com/
発売元　株式会社デジタルパブリッシングサービス
〒162-0812　東京都新宿区西五軒町11-13
清水ビル3F
印刷・製本　株式会社デジタルパブリッシングサービス
URL　http://www.d-pub.co.jp/

MP153

ISBN978-4-86143-287-3 C0326　Printed in Japan